21世纪网络与新媒体专业系列教材

数据新闻实务

谢光玉 ◎ 主编

清华大学出版社
北京

内 容 简 介

本书结合新闻人在制作数据新闻过程中的实际需求，以丰富的经典案例解析数据新闻的操作理念和方法。全书分为六章，分别为数据新闻概述、数据新闻的选题与策划、数据挖掘与获取、数据清洗与分析、数据可视化和数据新闻发布平台。在数据获取方面，介绍了基本的数据获取工具和方法，重点讲解利用火车头采集器自行挖掘数据；在数据分析方面，使用 Excel 清洗和分析数据；在数据可视化方面，使用相关软件实现文本信息分析和标签云制作，利用 Echarts 和 H5 等其他数据可视化工具；在数据新闻发布方面，将自己的数据新闻快速整合成网页链接或 H5 以利于传播。全书将理论与实践相结合，偏重于大数据环境下数据新闻的具体制作方法，使读者无须编程基础也能快速掌握数据新闻的制作过程，内容通俗易懂，简明实用，包含配套的教学视频资料和相关软件，可免费下载。

本书封面贴有清华大学出版社防伪标签，无标签者不得销售。
版权所有，侵权必究。举报：010-62782989，beiqinquan@tup.tsinghua.edu.cn。

图书在版编目（CIP）数据

数据新闻实务 / 谢光玉主编. —北京：清华大学出版社，2023.8（2024.7重印）
21世纪网络与新媒体专业系列教材
ISBN 978-7-302-64418-7

Ⅰ. ①数… Ⅱ. ①谢… Ⅲ. ①数据处理－应用－新闻学－教材 Ⅳ. ①G210.7

中国国家版本馆 CIP 数据核字（2023）第 152601 号

责任编辑：邓　婷
封面设计：刘　超
版式设计：文森时代
责任校对：马军令
责任印制：沈　露

出版发行：清华大学出版社
网　　址：https://www.tup.com.cn，https://www.wqxuetang.com
地　　址：北京清华大学学研大厦 A 座　　邮　编：100084
社 总 机：010-83470000　　邮　购：010-62786544
投稿与读者服务：010-62776969，c-service@tup.tsinghua.edu.cn
质量反馈：010-62772015，zhiliang@tup.tsinghua.edu.cn
印 装 者：三河市天利华印刷装订有限公司
经　　销：全国新华书店
开　　本：185mm×260mm　　印　张：8.25　　字　数：173 千字
版　　次：2023 年 8 月第 1 版　　印　次：2024 年 7 月第 2 次印刷
定　　价：39.80 元

产品编号：086979-01

丛书编委会

总主编 程 栋

编 委（排名不分先后）

　　　　田 宇　　金洪申　　徐敬宏　　刘 鑫

　　　　萧 冰　　王 茜　　张合斌　　沈忠杰

　　　　张西静　　谢光玉　　余 君

丛书指导委员会

学术界专家

曹　鹏　北京印刷学院教授、中国人工智能学会常委、中国人工智能学会智能传媒专委会名誉主任

辜晓进　深圳大学传播学院教授、博导、新闻学科带头人，原《深圳日报》总编辑

何积丰　中国科学院院士、西京学院首席科学家、国家可信嵌入式系统工程中心首席科学家、华东师范大学软件学院原院长

韩　隽　西北大学新闻学院教授、博导、新媒体研究院执行院长、教育部新闻传播学教学指导委员会委员

胡正荣　中国社会科学院新闻与传播研究所所长、中国社会科学院大学新闻传播学院院长、教授、博导，历任第六届、第七届国务院学位委员会新闻传播学学科评议组召集人，2013至2017年教育部高等学校新闻传播学类教学指导委员会主任委员、中国传媒大学校长、中国教育电视台总编辑等

匡文波　中国人民大学新闻学院教授、博导

李本乾　上海交通大学媒体与设计学院院长、教授、博导，国务院"政府特殊津贴"专家，国家社科重大项目首席专家

李明德　西安交通大学新媒体学院原院长、教授、博导

彭增军　美国圣克劳德州立大学（St.Cloud State University）大众传播系终身教授

沈　浩　中国传媒大学新闻学院教授、博导、大数据挖掘与社会计算实验室主任

沈　阳　清华大学新闻与传播学院教授、博导

吴　飞　浙江大学公共外交与战略传播研究中心主任、浙江大学宁波理工传媒学院院长，曾任浙江大学传媒与国际文化学院院长

韦　路　浙江大学传媒与国际文化学院院长、教授、博导，教育部青年长江学者

喻国明　中华人民共和国教育部长江学者特聘教授、北京师范大学新闻传播学院教授、中国新闻史学会传媒经济与管理研究委员会会长

张　昆　中央民族大学新闻与传播学院院长、博士生导师，曾任华中科大新闻与信息传播学院院长、武汉大学新闻学院院长

新媒体专家

冯国震　新闻资讯公众号"冯站长之家"创始人兼 CEO
贾明华　迈外迪高级产品经理、《硬件产品经理手册：手把手构建智能硬件产品》作者
李　鹏　四川日报报业集团党委副书记、总编辑
郎清平　北京清博大数据科技有限公司 CEO
刘　飞　新媒体产品专家、原滴滴快捷出行司机产品经理
毛小明　公众号《新媒体大学》创始人
商艳青　新华智云媒体大脑（新华社&阿里巴巴）副总裁
吴晨光　一点资讯副总裁、总编辑，搜狐网前总编辑
甄　妙　玖媒新营销创始人、圈子新媒体 CEO

丛书序

新媒体：连接未来的桥梁

人类的历史从某种意义上来说，是一部连接的历史。数千年来，人类用时间和智慧创造了一个个物质相连的奇迹：古代中国人用砖头连接了长城，古代埃及人用石块连接了金字塔，尼尔·奥尔登·阿姆斯特朗用阿波罗11号飞船连接了地球与月亮……凡此种种人类改造自然的过程，无不是在改造物与物的连接方式。而20世纪末，随着互联网的诞生，各种新媒体如雨后春笋，应运而生；特别是进入21世纪后，随着人工智能技术的加持和物联网的兴起，出现了新媒体的升级换代产品——智媒体，更多、更新的连接方式不断涌现：腾讯用微信、QQ建立了人和人的连接，阿里用淘宝、天猫建立了人和交易的连接，百度用搜索框建立了信息和信息、信息和人的连接，越来越多的实体、个人、设备连接在一起，互联网、物联网乃至智联网将连接一切。可以说，短短几十年的网络史是人与信息、信息与信息、人与物、物与物升级迭代的连接史！

而连接这一切的，唯新媒体矣！

这套"21世纪网络与新媒体专业系列教材"丛书总序言的主题是对连接的礼赞。因为，连接是以网络为代表的新媒体的功能，也是它的精髓。新媒体改变了人类的过去，也将改变人类的未来。我们编撰这套丛书的目的正是探寻新媒体连接的秘密，帮助网络与新媒体专业的学生和广大新媒体从业人士更好地连接世界！特别是帮助他们在如今新媒体连接万物的智能化浪潮中立于潮头、激流勇进，走向成功的未来！

新媒体连接的魅力在2020年新型冠状病毒感染疫情（以下简称"新冠疫情"）中得到了淋漓尽致的诠释。2020年，这个蓝色星球的上空笼罩着新冠疫情的阴霾，给每个人的生活都造成了不小的影响：聚集传染限制了人们自由活动的脚步，想走就走的旅行成为奢望；戴口罩给面对面的近距离交流造成了障碍，想说的话不能尽情地说出来。值得庆幸的是，有一个地方可以让我们用眼睛代替脚步自在纵横，无时无刻，无远弗届；有一种交流工具能让我们不戴口罩地畅所欲言。这个地方就是互联网，这种交流的工具就是新媒体。

新媒体连接了外界的信息，也连接了人们赖以生活的物理世界。人们紧盯着计算机、iPad的屏幕，不断地滑动着手机页面，从客户端、公众号了解新冠疫情的最新动态，观看抢建方舱医院的直播画面，用支付宝、微信扫码出行，用美团、饿了么点外卖……新冠疫情阻碍了人类在现实世界的连接，却充分发挥了新媒体的连接功能。人类的大爱在新媒体的连接下得到了弘扬，社会的秩序在新媒体的连接下得到了维护，新媒体的连接功能在这个特殊时期发挥了巨大的作用。

"人类在连接中创造财富，社会在连接中实现进步。"[①]连接是人类社会的标记，也是人类文明的动力。而人与信息的连接是人类连接外部世界最重要的方式，而新媒体则是人类连接世界的过程中最重要的工具。

作为传递信息的载体，媒体是人连接外界万事万物的中介。正如麦克卢汉所说的，媒介是人体的延伸。人类可以凭借媒体更好地感知和获取信息。从某种意义上来说，是媒体的进步推动了人类文明的发展，而媒体的进步和科学技术的发展是密不可分的，因此，有人说："人类科技发展史本质上也是一部信息革命史。人类诞生至今大概经历了 5 次认知革命，分别是语言革命、文字革命、印刷革命、通信革命及信息革命，每一次认知革命都让人类的认知能力出现飞跃，新的科学理论及科学技术不断涌现，从而更好地认识世界和改造世界。"[②]在这一次次的认知革命中可以看到，媒体在不断进化，从而一步步强健着、延伸着人类感官。

从苏美尔人用来刻写楔形文字的石头和泥板到马丁·库帕站在纽约街头用来拨打电话的世界上第一个"大哥大"；从商代先民刻写文字的甲骨到 1987 年钱天白教授向世界发送第一封越洋电子邮件的电子邮箱；从古人打结记事用的绳子到 2020 年中国科学家用 76 个光子构建的量子计算机"九章"，媒体的变化在不断地刷新人类连接世界的方式。

如今一种新的智能化连接方式正在改变世界。

20 世纪末，互联网的出现推动了人与人、人与信息、人与服务的连接，而近年来，人工智能、大数据、区块链、脑机结合等诸多技术突飞猛进，特别是随着 5G 技术的成熟和商业化应用，不仅增加了媒体的种类，也拓宽了媒体连接的范围。智能写作机器人、智能无人机、智能主播等在传媒业崭露头角，今日头条、淘宝等新媒体的智能算法推荐层出不穷，人民日报、新华社等主流媒体的智能化新闻生产与编辑屡见不鲜，艺术领域出现了绘画、音乐的智能化创作，智能音箱、智能眼镜、智能头盔、智能手环、智能脚环等智能设备逐渐成为普通人的标配，万物互联的智能化传播必将成为媒体发展的新业态。人与人、人与物、物与物的智能化连接已成必然趋势。万物皆媒、万媒皆智，一个泛在的智媒体时代已经来临。

---

① 杨珑颖，孙健. 连接的力量[M]. 北京：北京理工大学出版社，2016：5.
② 张江健. 智能化浪潮：正在爆发的第四次工业革命[M]. 北京：化学工业出版社，2017：248，292.

每每面对汹涌而来的社会变化,学者们似乎都喜欢用浪潮的意象来形容。对于这次人工智能与媒体连接引起的社会变化,美国在线(American Online,AOL)创始人史蒂夫·凯斯称其为互联网第三次浪潮:"第一次浪潮,以美国在线、计算机服务和天才网为代表的企业搭建了互联网框架,为消费者与互联网的连接奠定了基础;第二次浪潮中涌现了亚马逊、脸书、谷歌、推特等商业和社交媒体公司,将消费者和他们的生活转移到在线世界;第三次浪潮,不仅是物联网,还是万物互联。物联网利用互联网植入各种设备、材料、流程、通信和信息交换,从而增强了所有事物的智能性和可利用性。万物互联则是互联网渗透至所有公司、政府和社会中,包罗万象,最终形成一个合作共赢的世界。"①

为了适应这一智能化潮流的需要,探讨新媒体传播的客观规律和应用技能,我们面向全国高校网络与新媒体专业学生和新媒体从业人士编纂了这套"21世纪网络与新媒体专业系列教材"丛书。

这套丛书具有以下两个突出的特色。

第一,在新媒体理论体系的建构上,首次将新媒体分为物质新媒体与信息新媒体两大类型。这种区分的创新在于:一是从概念外延的底层逻辑改变了以往新媒体分类难以自洽的境况;二是适应前述万物皆媒的智能化传播趋势,将物质新媒体纳入网络与新媒体专业教学与研究的范畴。

第二,人工智能技术的参与改变了新媒体传播活动中信息采集、制作、分发和反馈各个环节的传统样态,因此,探寻万物智能化传播的规律、讲授智媒体传播的知识与技巧是这套丛书的重点内容。

我们编撰这套丛书的目的在于为读者搭建一座连接未来的桥梁。诚然,我们也深感由于书中内容的疏漏与舛误使得这座桥梁并不是那么坚固、通畅,也许只是在通向未来的"泸定桥"上铺垫了一块小小的木板!亲爱的读者,愿你抓紧铁索,踩牢木板,走向新媒体的彼岸!

程　栋

于古城西安西京学院寓所

---

① 史蒂夫·凯斯. 互联网第三次浪潮[M]. 靳婷婷,译. 北京:中信出版社,2017:自序.

前言

2013年被称为"大数据元年",在大数据技术的背景下,数据新闻在我国发展得如火如荼,已然成为媒体机构广泛应用的报道方式之一。信息的生产及传播方式的改变必然改变人才需求的指向。2013年,全球开设"数据新闻"和相关课程的院校共有24所,哥伦比亚大学、密苏里大学以及雪城大学是其中表现较为突出的3所高校。我国"数据新闻"课程也随之起步。2014年,中国传媒大学新闻学院在全校选拔了18名来自不同专业的三年级学生,组成数据新闻报道实验班。在传统的新闻课程基础上,中国传媒大学为这个方向的学生开设了数据处理、网页抓取技术、可视化技术等方面的课程,并要求学生完成数据实践项目。2015年,数据新闻正式成为新闻学专业的方向之一在全国招生,2016年改为自主招生,这也是我国首个数据新闻专业。然而,国外数据新闻专业化的路走得更远。哥伦比亚大学在2018年夏季学期开设独立的数据新闻硕士专业。新专业的课程设置不再只是涉及数据新闻基础,而是涵盖了数据、计算机及其他创新性的高级课程。这也意味着哥伦比亚大学的数据新闻教学实践将更加深入且专业化。

数据新闻是一种新兴的跨学科、跨领域的新闻生产方式,所以大多数高校的"数据新闻"课程的教学采取了多名教师联合教授一门课的形式。根据我国数据新闻先行者黄志敏的调查报告,我国目前的数据新闻教育还处于探索阶段,每个学校都有不同的教学模式。例如,中山大学、汕头大学的"数据新闻"课都是由3个老师教学。3个老师的分工一般依据数据新闻的三大部分内容,分别负责数据挖掘与分析、数据可视化、数据新闻综合实践3个方面。跨学科融合式教学是此类数据新闻课程开展的特色。例如,上海大学的"数据新闻"课程,由计算机科学学科、数码艺术学科、新闻传播学科3位老师授课,3门课分别在不同的学期开课,形成了一个系列课程。但是,多名老师联合教学就要求3位老师一起备课,并足够默契,否则每位老师各教各的部分,课程就会被割裂,无法形成统一的整体。汕头大学长江新闻与传播学院副院长、教授、硕士生导师白净指出:"最理想的状态是能够有一个老师把三者结合起来教学。"例如,兰州大学的"数据新闻"课程就是由一名教师独立承担教学任务。授课教师梁玮本科专业是计算机科学与技术专业,硕士专业是传播学。在课程安排上,该学校将36课时的课程分为3个部分,其中1/3的时间介绍数据新闻的概念、范畴、发展历史等基本理论知识,1/3的时间由学生分享喜欢的数据新闻案例,1/3的时间介绍软件及其如何呈现等。

数据新闻实务

笔者独立承担"数据新闻"课程的教学任务 3 年，从 2014 年开始接触数据新闻，到组建学生数据新闻团队，再到现在他们已经能够独立选题和制作数据新闻，俨然已经形成了一套比较规范和有效的教学模式和内容。

提到如何制作数据新闻，大部分人会想到用 Python 进行数据挖掘、分析和可视化，但是对于没有计算机背景且具有极强文科背景的新闻专业来说，让学生去学编程似乎不太现实，这是因为：一方面，大部分学生没有这个兴趣；另一方面，目前国内的数据新闻并不是一个成熟的专业，甚至很多学校仅仅开设了一门相关课程，想要在这一门课程中，除了学到理论知识，还要学习编程，实在是不太现实。那么如何不用编程语言来实现数据的挖掘与获取、数据分析和可视化？随着信息技术的发展，现在的软件工具越来越智能和"傻瓜"，只要找对工具，零编程制作数据新闻不再是遥远的梦。

本书正是基于上述课程教学过程中的困惑而编写而成，其主要特点是将理论与实践相结合，偏重于大数据环境下数据新闻的具体制作方法，同时以实际操作为主，每个步骤都有详细的说明，强调学生的动手能力。全书将制作数据新闻分为 4 个步骤，分别是数据获取、数据分析、数据可视化和数据新闻发布。在数据获取方面，介绍了基本的数据获取工具和方法，重点讲解利用火车头采集器自行挖掘数据；在数据分析方面，使用 Excel 清洗和分析数据；在数据可视化方面，使用相关软件实现文本信息分析和标签云制作，利用 Echarts 和 H5 等其他数据可视化工具；在数据新闻发布方面，介绍当前较为实用的数据新闻发布平台，将数据新闻文案快速制作成数据新闻作品并生成网站链接或 H5 以利于传播。

作者

目录 Contents

第一章 数据新闻概述 ... 1
第一节 数据新闻的概念与特征 ... 1
一、数据新闻概念的提出 ... 1
二、理解数据 ... 3
三、数据新闻兴起的原因 ... 4
四、数据新闻的特征 ... 6
第二节 数据新闻的制作流程 ... 7
一、制作前期：数据全面搜集 ... 9
二、制作中期：数据的处理与分析 ... 9
三、制作后期：数据的视觉化呈现 ... 11
四、传播途径：多种方式与平台的整合 ... 16
第三节 数据新闻的人才需求 ... 16
一、人才到位，各司其职 ... 17
二、团队组建，共同协作 ... 17
三、新闻素养，不可缺失 ... 17
第四节 数据新闻经典案例分析 ... 18
一、信息集纳类 ... 18
二、民生调查类 ... 20
三、大数据分析解读类 ... 20
四、一图读懂类 ... 21
五、视频动画类 ... 22
复习思考题 ... 23

第二章 数据新闻的选题与策划 ... 24
第一节 数据新闻选题的类型及特征 ... 24
一、数据新闻选题的类型 ... 24
二、数据新闻选题的特征 ... 27
三、实践中的选题操作 ... 27
第二节 从数据角度谈选题策划操作 ... 28
一、确定数据的维度和纵深 ... 28

二、以小见大，集中叙述 ... 29
　　三、从假设到验证，避免先入为主 ... 31
　复习思考题 ... 31

第三章　数据挖掘与获取 ... 32

第一节　理解数据新闻中的数据 ... 32
第二节　数据获取的渠道及方法 ... 33
　　一、获取公开发表的数据 ... 33
　　二、采集未公开发表的数据 ... 35
　　三、十大实用数据网站和四大数据导航类网站推荐 ... 41
　　四、上机实践操作 ... 54
第三节　数据挖掘的方法——利用火车头采集器爬取相关数据 ... 56
　　一、工具准备 ... 56
　　二、数据采集原理及思路 ... 56
　　三、一级网址的数据采集爬取 ... 60
　　四、多级网址的数据采集 ... 67
　复习思考题 ... 70

第四章　数据清洗与分析 ... 71

第一节　数据新闻的5个"W" ... 71
　　一、Who——数据是谁提供的 ... 72
　　二、What——你想用数据告诉人们什么 ... 72
　　三、When——数据是何时采集的 ... 72
　　四、Where——事件发生于何地 ... 72
　　五、Why——这组数据有何意义 ... 73
第二节　基本数据的清洗 ... 73
　　一、导入获取的数据 ... 73
　　二、基本的数据清洗 ... 75
第三节　简单的数据分析工具使用 ... 80
　　一、分列 ... 80
　　二、快速填充 ... 81
　　三、删除重复项 ... 82
　　四、数据验证 ... 83
　　五、合并计算 ... 84

第四节　运用函数进行数据分析 85
　　　　一、Excel 文本函数 86
　　　　二、Excel 统计函数 88
　　复习思考题 92

第五章　数据可视化 93

　　第一节　数据可视化简介 93
　　　　一、认识数据可视化 93
　　　　二、数据可视化的误区 94
　　第二节　文本信息分析及可视化 99
　　第三节　图片信息可视化 102
　　　　一、安装 102
　　　　二、具体操作 103
　　第四节　利用 PPT 实现数据可视化 104
　　复习思考题 105

第六章　数据新闻发布平台 106

　　第一节　数据新闻发布平台的特点 106
　　　　一、百度图说 106
　　　　二、镝数聚 107
　　　　三、文图 109
　　第二节　数据新闻发布平台的实践操作 110
　　　　一、百度图说实践操作 110
　　　　二、镝数聚实践操作 111
　　　　三、文图实践操作 112
　　复习思考题 113

参考文献 114

第一章
数据新闻概述

数据新闻（data journalism），也被称为"数据驱动新闻"（data-driven journalism），是随着大数据时代的到来出现的一种新型的报道形态，是数据技术对新闻业全面渗透的必然结果。它的出现在一定程度上改变了传统新闻生产流程。

第一节　数据新闻的概念与特征

一、数据新闻概念的提出

关于数据新闻最早的表述之一，是由 Every Block 的创始人 Adrian Holovaty 在 2006 年提出的，但在当时并未引起学界和业界的太多关注。2010 年 7 月的维基解密事件使数据新闻大显神通，显示出其非凡的叙事能力。随后，数据新闻这一概念开始流行，在相关研讨会和学术论文中被屡屡提及。目前，关于数据新闻概念的界定还没有形成共识，相关的界定都较为模糊。

维基百科将其定义为："Data-driven journalism, often shortened to 'DDJ', is a term in use since 2009/2010, to describe a journalistic process based on analyzing and filtering large data sets for the purpose of creating a news story."（数据驱动新闻，常缩写为 DDJ，在 2009 年至 2010 年间开始广泛使用，用来描述通过分析和过滤大数据，用数据来创造一个故事的新闻生产方法。）

在数据新闻第一本权威的专业手册《数据新闻手册》中，对数据新闻是这么定义的："What makes data journalism different to the rest of journalism? Perhaps it is the new possibilities that open up when you combine the traditional 'nose for news' and ability to tell a compelling story, with the sheer scale and range of digital information now available."（数据新闻同其他新闻形式的不同之处在哪里呢？数据新闻为把传统的新闻敏感性和有说服力的叙事能力，与海量的数字信息相结合创造了新的可能。）"Data journalism can help a journalist tell a complex story through engaging infographics."（数据新闻能够帮助新闻工作者通过信息图表来报道一个复杂的故事。）

此外，国外非常多的新闻工作者也对数据新闻做出了定义，德国之声记者 Mirko Loren 在 2010 年阿姆斯特丹的第一届国际数据新闻圆桌会议上提出："Data driven journalism is a workflow that consists of the following elements: digging deep into data by scraping, cleansing and structuring it, filtering by mining for specific information, visualizing it and making a story."（数据新闻是包含下列元素的工作流程：用抓取深挖数据，用挖掘清洗和结构化数据，用视觉化的方式呈现数据使其成为一个故事。）《纽约时报》资深记者 Aron Pilhofer 认为："数据新闻像是一个涵盖性的总称，包含了日益增长的一系列用于新闻叙事的分析工具、技术手段和方法。它几乎样样包含，从传统意义上的计算机辅助新闻报道（使用数据作为新闻'源'）到处于尖端前沿的数据可视化图表和运用程序。其统一的目标是用于新闻：提供信息和分析帮助我们知晓当天发生一切重要事件。"《芝加哥论坛报》Brain Boyer 认为："'数据新闻'和'文字新闻'的唯一不同在于我们使用了不同的工具包。我们都以探寻、报道和讲述故事为生。'数据新闻'就像是'图片新闻'，无非是把相机换成了笔记本电脑。"

在我国，关于数据新闻的定义多从国外移植而来。学者雷蔚真认为，数据新闻通常是运用可视化技术，以信息图表的形式发布。信息图表主要是通过图表、图解、图形、表格、地图、动画、视频等视觉化的工具来传递新闻数据及信息。[①]李希光教授在其文章《大数据时代的新闻学》中提出，数据新闻学（data journalism）或称数据驱动的新闻学（data driven journalism），通过挖掘和展示数据背后的关联与模式，和丰富的具有互动性的可视化，作为一门新的新闻分支进入主流媒体。清华大学郭晓科博士在其著作《大数据》一书中指出，数据新闻学是精确新闻学的进一步延伸，数据新闻学使新闻生产过程更为精细化，它对新闻工作者的技能要求，除传统的文字写作、音视频制作，还包括社科研究方法、计算机数据抓取、处理、可视化、平面、交互设计、计算机编程等多个领域。学者方洁在其文章《全球视野下的数据新闻：理念与实践》中提出，数据新闻的内涵就是基于数据的抓取、挖掘、统计、分析和可视化呈现的新型新闻报道方式。赵江峰在《可视化"数据新闻"：记者角色的新转换》中指出，所谓数据新闻，就是利用特殊的软件工具，对海量数据进行提纯、分析，寻找其中的关联，挖掘数据背后的故事，并将最终结果以一种可视化的方式呈现给公众，帮助公众理解数据背后蕴含的深意，以及数据与自己生活的关系的一种新闻形式。

在大数据时代，数据新闻生产的过程更加精细，除了采用传统的方法去采集数据，还

---

① 雷蔚真. 跨媒体新闻传播理论与实务[M]. 北京：中国人民大学出版社，2012：134.

包括运用社会科学的方法抓取相关数据、处理数据和可视化数据等。它是在多学科的技术手段下，应用丰富的、交互性的可视化效果展示新闻事实，把数据与社会、数据与个人之间的复杂关系用可视化手段向公众展示出来，以客观、易于理解的报道方式激发公众对公共议题的关注与参与。①

纵观上述各个概念，虽然对数据新闻的解读尚无公认的权威定义，但我们仍可以在上述一系列的概念中找到共识，无论哪个定义，均包含了以下几个核心要素：数据、可视化、新闻、故事。所谓数据新闻，就是通过对数据信息的采集、分析，用可视化呈现的方式讲一个新闻故事。

二、理解数据

"数据"是数据新闻概念的核心关键词，为了更好地理解数据新闻，首先需要明确什么是数据。

数据（data）是指对事实观察和记录的结果，是对客观事物的逻辑归纳，用于标识客观事物的、未经加工的原始素材。②从某种意义上来理解，数据之源是信息，信息是被赋予了意义和目标的数据，但是数据和信息的区别在于信息是有用的、有意义的，可以直接回答诸如谁、什么、哪里、多少等问题，因此赋予了数据的生命力，辅助用户的决策或者行动。③数据是信息的表现形式和载体，包含符号、文字、图像和视频等。数据和信息是不可分离的，数据是信息的表达，信息则是数据的内涵。

我们在日常生活和工作中所见到的数据基本上属于数字数据，也就是各种统计或者测量的数据。除了数字数据，还有模拟数据，也就是由连续函数组成，在某个区间连续变化的物理量。模拟数据又可以分为图形数据（点、线、面）、符号数据、文字数据和图像数据等。在新闻传播领域，数据除了指数值，更多的是指承载着信息的文字符号和音、视频符号，尤其是进入大数据时代，对数据概念的解读变得更为宽泛。

英国《卫报》总编辑艾伦·拉斯布里杰说："数据，不仅是信息时代的新产物，也是数字工业、金融业和商业革命的核心。就其精髓而言，它更像是真相与事实的集大成者。"④他明确指出了数据对于信息交流、新闻传播的价值与意义。

必须强调的是，这里所说的数据（data）不是人们所熟悉的数字（number），因此包含数字的报道并不一定是数据新闻，而没有数字的报道未必不是数据新闻。在互联网技术大发展的今天，现实生活中的所有事物都可以被量化，并通过计算机程序对其进行统计分析，这就是数据新闻学在中国台湾也被译为"资料新闻学"的原因。如果只是呈现数据，而缺乏对数据进行相应的处理，没有将信息背后存在的意义挖掘出来加以呈现，那么也不能称

---

① 郭晓科. 大数据[M]. 北京：清华大学出版社，2013：30.
② 许向东. 数据新闻：新闻报道新模式[M]. 北京：中国人民大学出版社，2017：15.
③ 陈为，沈则潜，陶煜波，等. 数据可视化[M]. 北京：电子工业出版社，2013：24.
④ 罗杰斯. 数据新闻大趋势：释放可视化报道的力量[M]. 岳跃，译. 北京：中国人民大学出版社，2015：1.

之为数据新闻。数据新闻中的数据应该是经过科学的社会研究方法进行统计分析后得出的信息,即新闻生产者对原始信息进行收集、量化而形成可被计算和分析的数据,按照报道的目的、依靠科学的程序和方法对数据进行统计分析,然后将被发掘的意义以新闻故事的形式呈现出来。在这个过程中,数据是支撑整个报道叙事逻辑的关键线索,或报道中至关重要的论据。

三、数据新闻兴起的原因

(一)社会发展:大数据时代的到来

提到大数据的大,一般人认为其指的是数据规模的海量——人类在数据记录、获取及传输方面的技术革命,造成了数据获得的便捷与低成本,这便使原有的以高成本方式获取的描述人类态度或者行为的、数据有限的小数据已然变成了一个巨大的、海量规模的数据包。这其实是一种片面的理解,在大数据时代到来之前,人们也有海量的数据集,但是由于其维度的单一,以及与人们的生活状态剥离,使其分析和认识真相的能力以及价值都十分有限。大数据分析的核心价值在于,透过多维度多层次的数据,以及历时态的关联数据,找到所在问题,并且直抵事实的真相。①

大数据是 2009 年互联网技术行业的专业流行语,最早提出大数据时代到来的麦肯锡报告称:"数据,已经渗透到当今每一个行业和业务职能领域,成为重要的生产因素。人们对于海量数据的挖掘和运用,预示着新一波生产率增长和消费者盈余浪潮的到来。"2012 年,大数据迅速成为社会热点,甚至有研究者将 2013 年定为"大数据元年"。大数据带来的信息风暴正改变着人们的生活、工作和思维方式,未来也会成为人们获得新认知、创造新价值的源泉,还可能改变人与人、人与社会组织之间的关系,它的影响已经深入社会方方面面的研究中,成为塑造全新社会形态的重要技术动因。海量数据的产生使人们通过提取全面、精确的信息,做出正确的决策,从而提升了人类发展的自主性。因此,不仅仅是政府部门在尝试用数据来决策、来管理,金融业、IT 业和营销业也开始关注大数据的价值。在大数据时代,"为什么"不重要,重要的是"是什么",这是大数据的一个核心的特点。②

在以往的社会研究思维中,经常使用的数据分析方法是相关分析、回归分析和结构方程模型等,这些方法的背后是传统研究者认为世界是因果联系的,有果必有因,必须找到因;但是在大数据时代,我们不必知道现象背后的原因,而是要让数据自己"发声",知道"是什么"就够了,没必要知道"为什么"。

亚马逊很早的时候聘请了一个由二十多名书评家和编辑组成的团队,他们写书评、推荐新书,挑选非常有特色的新书标题放在亚马逊网站的主页上,这个团队创立了"亚马逊的声音"板块,成为公司竞争优势的重要来源。正是因为他们的推荐,书籍销量才得以猛

---

① 喻国明, 李彪, 杨雅, 等. 新闻传播的大数据时代[M]. 北京: 中国人民大学出版社, 2014: 1.
② 喻国明, 李彪, 杨雅, 等. 新闻传播的大数据时代[M]. 北京: 中国人民大学出版社, 2014: 14.

增。后来，亚马逊决定让这个团队根据客户个人以前的购物喜好，为其推荐具体的书籍。同时，亚马逊还设计了计算机推荐系统，对以往储存的用户相关数据，如客户购买的书籍、关注的书籍、关注了却没有购买等进行分析，为客户推荐新书。结果发现，通过计算机系统推荐的书的销量是专家团队荐书销量的100倍。于是，他们解散了专家团队。亚马逊的这套计算机推荐系统只是梳理出了有趣的相关关系，但不知道背后的原因。也就是说，知道"是什么"就足够了，没有必要知道"为什么"。在大数据时代，大数据分析可以帮助我们找到一个现象的良好关联物，这个关联物可以帮助我们捕捉现在和预测未来。如果现象A和现象B经常一起发生，我们只需要注意到现象B发生，就可以预测现象A也会发生。

事实上，新闻传媒业在一定程度上也受到了大数据技术的影响。这主要体现在大数据技术渗透到新闻生产的核心环节、重树新闻质量标杆、提升受众反馈的价值、拓展用户分析的广度和深度。在大数据技术等因素的推动下，新闻业务将实现一些方向性调整，如趋势预测性新闻和数据驱动型深度报道数量的增加，数据呈现、分析和解读能力的提高，新闻生产中跨界合作的形式不断增多。

（二）传播格局：媒介融合持续拓展

媒介融合是指印刷、音频、视频、互动性数字媒体等组织之间的相互合作。在媒介竞争和网络技术普及的背景下，跨界合作已成为常态。从2012年开始，全媒体实践引领国内媒介融合的发展，全媒体生产、全媒体流程、全媒体运营的概念逐渐深入人心。在开放式数据平台上，不同媒体的从业者可以根据自身需求制作出不同类型的新闻报道。面对同一条新闻，纸质媒体、电视媒体和网络媒体都可以从各自的特点出发，制作出与之对应的新闻。此外，开放式数据平台有利于公众从被动的受传者转变为主动的传播者，他们也可以通过开放的数据参与到新闻调查中，根据自己的需要，挖掘数据背后的故事。

2014年3月24日，《纽约时报》发布了一份长达96页的《创新报告》，这份报告不仅强调了数字化转型的必要性，也建议传统媒体机构进行改革，改变过去采编部门独立于其他部门，只注重内容生产的单一模式，形成与技术、设计、产品、市场部门的合作，记者编辑也要参与到内容推广的流程中，将新闻采编环节和市场推广环节结合起来，始终以用户的需求作为媒体内容生产和机构改革的动力。

除此之外，媒体也可以利用企业、政府的数据，采用重新筛选和挖掘媒体既有的资料等方式完成数据的采集，再根据需要采写成数据新闻。大数据技术使得媒介融合的新闻生产由简单的"发生了什么"和"为什么发生"拓展到"将会发生什么"。新闻报道从事后跟进、同步报道，拓展到事前预测，形成了全新的新闻生产模式。[①]

（三）政治环境：政府开放数据运动的推进

政府开放数据是指政府及其控制的实体所产生的对政治活动、公共事务和普通民众有

---

① 许向东. 数据新闻：新闻报道新模式[M]. 北京：中国人民大学出版社，2017：21.

影响的数据资源在"脱敏"后予以开放，包括天气数据、GPS数据、金融数据、教育数据等，这些原始数据本身并没有明显的价值，但是在经过数据挖掘和分析之后，可以产生巨大的价值。

2009年1月，时任美国总统奥巴马签署了《开放透明政府备忘录》，要求建立更加开放透明、参与合作的政府。同年，数据门户网站上线，美国行政管理和预算局向白宫提交的《开放政府令》获得批准。2011年9月20日，巴西、印度尼西亚、挪威和墨西哥等8个国家联合签署《开放数据声明》，成立开放政府合作伙伴组织。[①]全球开放数据运动由此展开。

中华人民共和国成立以来，特别是党的十八大以来，基于我国实践活动和认识活动开展了若干中国特色的实践路径探索，在我国政府数据开放的实践探索过程中也取得了丰富的成果。政府数据开放也作为我国行政改革的基本内容，经历了从局部到全国、从表面到深入的一个逐步深化的发展过程。党的十九大报告明确提出"建设网络强国、数字中国、智慧社会"战略目标，"十四五"规划纲要设立专篇对"加快数字化发展 建设数字中国"做出重要部署。2022年10月16日，在中国共产党第二十次全国代表大会上强调加快建设数字中国。政府数据开放是数字中国建设中释放数据活力、实现数据价值的必经之路。[②]

具有价值的数据大部分集中在政府、大型企业以及互联网巨头手中，分散的数据无法实现信息的既有价值，只有予以开放，其价值才能得以最大限度的实现。可以说，开放数据和数据新闻的发展相辅相成，开放数据为数据新闻提供了数据来源，而媒体的数据新闻也有助于政府进一步开放数据。

（四）科技的进步：开源软件的支持

数据变得越来越重要，这并不是因为数据的量大，而是因为我们拥有了工具和能力去分析数据，找出它的模式和结构，并且揭示趋势。[③]制作数据新闻体现了大数据技术对新闻生产流程的改造，使新闻的生产效率、呈现形式都发生了较大的变化。

开源即open source，是指在互联网上开放分享软件的原始代码（即源代码），其意义在于开放源代码、信息共享和自由使用，它追求的理念是"自由、分享"。获得源代码的人可自由地再将此源代码发布，开源软件的高质量、低成本、强适应性促进了开源市场的成熟，这为数据新闻的生产奠定了技术基础。

四、数据新闻的特征

作为大数据时代新闻学发展形成的新领域，数据新闻代表未来新闻业发展的一大方向，学者方洁在其《数据新闻概论》中总结了数据新闻的几个特征。

[①] 李苑. 全球政府开放数据运动方兴未艾[N]. 中国电子报, 2014-02-25.
[②] 李玉海, 王蕊. 政府数据开放十年实践与未来展望[J]. 文献与数据学报, 2022（4）: 12-14.
[③] 许向东. 数据新闻：新闻报道新模式[M]. 北京：中国人民大学出版社, 2017: 23.

（一）数据是数据新闻存在的前提

数据新闻的产生离不开全球"数据开放"的热潮。如果政府、社会其他组织没有对外公布相关数据信息，或者只是公布少量没有价值的数据，没有公开有效的数据作为资源进行分析，数据新闻也就不会存在。可以说，数据是数据新闻的"种子"，没有"种子"或者"种子"已坏，数据新闻也就不会"发芽"。[①]

（二）数据处理是数据新闻制作的核心

如果说数据是数据新闻存在的基础，那么数据处理就是数据新闻制作的核心。拿到数据资源后，并不是直接将数据放在新闻报道中，而是通过特殊数据处理软件或程序对原始数据进行处理分析，挖掘数据之间的内在联系，发现数据背后隐藏的意义，并将其作为新闻故事进行报道。因此，数据的处理十分重要和关键，这也是数据新闻区别于传统新闻的本质特征。

（三）可视化是数据新闻呈现的主要方式

数据新闻呈现的主要方式就是可视化。得益于科学可视化的发展，数据新闻可以将复杂、抽象、难懂的数据转化为形象、具体、生动的新闻报道，以便读者阅读和理解。

（四）服务公众和社会是数据新闻的最终目的

数据新闻从对数据的关注、搜集到对数据处理的复杂程序运用，并不是为了展现海量的数据和数据处理技术，而是为了让受众更好地了解大数据时代，了解大数据环境下人们生活的变化，了解这个风云变幻的社会。因此，数据新闻的最终目的是更好地服务公众和社会。

第二节　数据新闻的制作流程

数据新闻的生产是一个有序而复杂的过程。通过重新梳理米尔科·洛伦兹、保罗·布拉德肖等学者关于数据新闻的生产流程，结合当前各数据新闻栏目的生产现状，特将数据新闻的制作流程分为数据全面搜集、数据处理分析、数据视觉化呈现和多元化传播4部分。

从制作流程来看，数据新闻有别于传统新闻。简单来说，传统新闻的生产一般是"选题采访—文字写作—定稿发表"，而数据新闻则是"数据采集—数据处理—可视化呈现"。德国之声记者米尔科·洛伦兹曾绘制了一套著名的数据新闻制作流程图（见图1-1）。他认为，数据新闻制作首先对原始数据进行清理过滤，留下有新闻价值的数据，将之进行可视化处理，最后以新闻故事的方式进行报道，以易于受众接受。

---

① 李书甜. 大数据背景下的我国数据新闻研究[D]. 南宁：广西师范学院，2017：5.

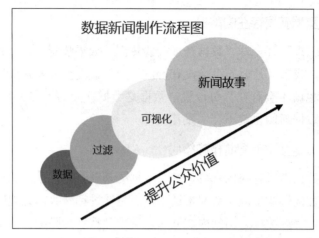

图 1-1　米尔科·洛伦兹的数据新闻制作流程图①

英国《卫报》"数据博客"（data blog）栏目的前主编西蒙·罗格斯也提出了和米尔科·洛伦兹类似的观点，他总结数据新闻的制作流程有 4 步：分享数据、电子数据表、分析数据和呈现数据。伯明翰城市大学教授保罗·布拉德肖提出了数据新闻生产流程：由"制作"和"传播"两部分构成，在传统新闻"倒金字塔"的结构基础上，绘制了数据新闻生产流程的"双金字塔"结构（见图1-2）。左边倒三角形标注的是数据新闻的制作流程，即编辑、清理、情境、综合；右边三角形标注的则是数据新闻的 6 种传播途径，即视觉化传播、叙事化传播、社交化传播、人性化传播、个人化传播和应用化传播。

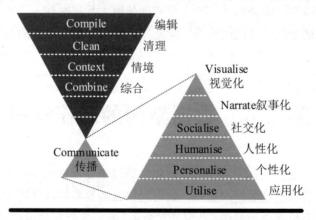

图 1-2　保罗·布拉德肖的数据新闻"倒金字塔"结构

通过对上述数据新闻制作流程的了解，我们将制作数据新闻的流程总结为以下 4 个步骤。

---

① 图片来源：http://www.mirkolorenz.com/?id=6。

一、制作前期：数据全面搜集

数据的全面搜集是制作数据新闻的首要步骤。在大数据时代下，数据的来源十分广泛，数据采集也较为方便。

（一）政府公开数据

在全球"数字开放"热潮的推动下，各国政府不同程度地对公众开放了数据信息。媒体在制作数据新闻时，可以利用互联网直接登录政府官方网站获取权威信息和数据。国外的如英国政府网站、政府数据网站，美国政府网站、政府数据开放网站等，有专门的数据"传递门"，媒体可以从中获取到金融、教育、社会等多方面的数据。国内的则有中国政府网、国家数据平台以及各地方政府的专门数据资源服务网。政府已公开的数据具有权威性，获取较方便。

（二）非政府机构和个人网站数据

数据来源除了政府的公开数据，还有来自非政府机构和个人网站的数据，这些机构、网站也能为数据新闻制作提供许多有价值的数据信息，如联合国统计司网站的"统计数据库"，富含各国多种类型和年份的数据；非政府组织（Non-Governmental Organizations，NGO）网站有涉及大量社会公共领域的数据报告；企业网站，特别是进行数据研究的市场监测公司，都会提供数据资源服务；还有商业门户网站、媒体网站、科研机构网站、学校教育网站、图书馆资源、个人社交媒体等都有公开的大量数据。这些数据来源也十分广泛，但数据的准确性则需要制作者把关。

（三）采集未公开发表的数据

上述两种数据来源都是公开的，因此采集起来较为方便，但并非所有需要的数据都能从公开渠道获取。采集未公开发表的数据，需要采取特殊的方式。对于政府未公开的数据信息，可以向相关政府部门提出信息申请需求，如我国有《中华人民共和国政府信息公开条例》支持公众申请政府信息公开。对于商业机构的数据来源，可以对其数据进行购买合作，如央视与百度地图合作推出的"2014年春节人口迁徙大数据"项目。对于非商业机构和个人来源的数据资料，可以通过电话、邮件、采访等沟通方式进行获取，如英国《每日邮报》从个人手中获得政府议员大量报销资料，揭露议员花销真相。对于未公开发表的数据，获取难度系数较大，但仍有方法进行破解，进行数据的全面搜集。

二、制作中期：数据的处理与分析

搜集到全面数据后，接下来重要的一步就是进行数据处理和分析。数据处理需要运用各种数据处理软件，进行数据清理与整合。而数据分析则需要观察数据，多角度展现数据背后的信息和意义。

(一)数据处理

搜集到的数据是大量的、复杂的,因此需要借助数据处理软件或工具进行数据导入、清理和整合。国内外数据新闻较常使用的数据处理工具有以下几种。

1. 数据导入工具

数据搜集完成后,为确保数据的安全性,应及时进行数据的导入。计算机可读数据文件格式包括 CSV(逗号分隔文件)、XML(可拓展标记语言)、JSON(数据交换语言)、xls(表格文件格式),还有我们较为熟悉的 Word 文档、HTML 网页和 PDF 文档。这几种格式都是数据导入的简易有效工具。

2. 数据处理工具

最简单的数据处理工具就是 Excel 表格。Excel 作为普遍应用的办公软件,可以进行各种数据处理、函数公式运用和统计分析。需要注意的是,由于 Excel 自身的版本功能限制,它对于大数据的处理能力有限,因此,又出现了专门的数据库管理系统,可以更加专业化地进行数据的储存和处理,如《纽约时报》惯用的 Data Converter,《芝加哥论坛报》经常使用的 Python 和 Django。比较常见的数据库管理系统还有 Access、SQL Server、my SQL 等。

(二)数据分析

互联网之父蒂姆·伯纳斯·李曾经说过:"新闻的未来,是分析数据。"数据分析就是采用相应的分析方法对数据进行分析,多角度思考数据的内在联系,挖掘数据的隐藏价值,从而得出结论的一个过程。

1. 数据分析的理性思维

数据分析的理性思维即采用客观的数据分析方法对数据进行分析。统计学中常用的分析方法如图 1-3 所示。

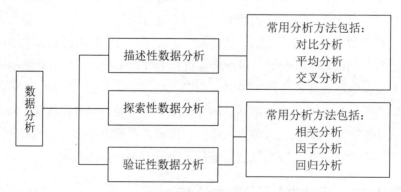

图 1-3 统计学中常用的数据分析方法

这几种方法在数据新闻的制作过程中也较为普遍。描述性数据分析较为简单,探索性和验证性数据分析则需要更高的技术水平,如网易"数读"栏目 2016 年 11 月 22 日报道的《六分之一耕地严重污染，重金属超标的菜还能吃吗？》就运用了平均分析法和对比分析法，以珠三角的广州、佛山、江门和惠州四地的重金属检测为例进行报道。

2. 数据分析的感性思维

在数据分析过程中，也需要感性思维。这里的感性思维主要是指数据新闻制作者自己对数据的思考，以什么方式、哪个切入点对数据进行剖析的一种思维。《卫报》主编曾说过数据新闻也有"5W"，与传统新闻的"5W"一样，要知道数据是谁提供的（who），想用数据做什么（what），数据是何时搜集的（when），数据事件在哪里发生（where）以及数据的意义是什么（why）。只有对数据进行思考，与现实社会结合起来，从时间、地点、现状等多维度切入，才能发挥数据的最大价值。

三、制作后期：数据的视觉化呈现

经过数据搜集和数据分析，接下来就是如何将数据进行可视化效果呈现了。数据新闻的视觉化呈现的主要方式可分为静态和动态可视化、封闭和交互可视化、PC端和移动端可视化。[①]不同形式的可视化，数据表达不同，适用范围也不同，采用哪种形式的数据可视化，关键在于数据内容。

（一）静态可视化与动态可视化

静态可视化包括各种类型的信息图，如图形图表、示意图、平面静止图、流程图等，是当前数据新闻可视化的主要形式。数据可视化在诞生之初就是以静态信息图的方式为主要的呈现形式，如今信息图早已融入了人们的日常生活之中，随处可见的产品说明书、教材、股票行情图、导航地图等都属于信息图的范畴。而静态的信息图在数据新闻中频繁出现，尤其是报刊等平面媒体，大多数报刊开办了相应的信息图栏目，如《新京报》的"新图纸"、《广州日报》的"数读"、《新民晚报》的"新民图视绘"、《钱江晚报》的"图视绘"等。

这类信息图栏目的选题一般分为三类：一类是与当下的新闻事件相关的选题的统计图，如"世界杯"、埃博拉病毒肆虐等；一类是对与时令节气相关的百姓关注话题或者百姓熟知事物做图解，如夏季如何防暑降温、二手烟有何危害等；一类是对有关机构发布的调查报告的图解，如国内癌症高发地图、年度交通事故调查报告等。

我国的网易"数读"栏目（见图1-4）、搜狐"数字之道"等报道多以静态信息图为主。静态可视化对数据可视化设计的技术门槛较低，数据新闻制作者基本采用普通的Excel图表功能、PS软件即可完成，对于设计师而言最容易上手且制作时间短，符合新闻对时效性的要求，而对于媒体而言，投入相对较低，更便于推广。

---

① 方洁. 数据新闻概论[M]. 北京：中国人民大学出版社，2015：6.

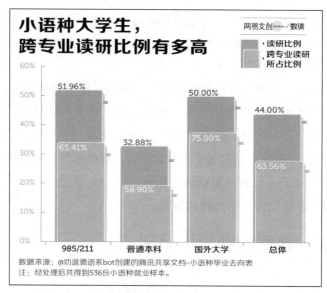

图 1-4　网易"数读"的数据新闻静态信息图

曾获得 1995 年国际新闻设计协会（SND）Malofiej 国际信息图设计金奖，并于 2009 年担任 SND 国际大赛评委的木村博之认为，立项的信息图包括以下 5 个要素。

第一，吸引目光，令人心动。以核心的图文和构图设计为信息提升吸引力，让读者以最直观的方式理解信息内容。

第二，准确传达，信息明了。明确自己想传达什么，出于何种目的，为了谁而设计，这种思考方式在制作图文时必须贯穿始终。

第三，去粗取精，简单易懂。在信息图中，信息不是越多越好，大胆舍弃冗余信息也是一种设计技巧。图中保留的信息要能以最小的量产生最好的效果，让读者第一眼就能明白其中传达的意图。

第四，视线流动，构建时空。制作信息图时要充分利用人的阅读习惯，认识到视线移动的顺序可以帮助我们找到版面的视觉中心，并通过图文中元素的位置安排来呈现时间的变化，这有助于信息图表现出如透视图般的远近层次感。

第五，摒弃文字，以图释义。最理想的信息图无须文字，仅以图形传达信息，其内涵依然能被读者充分理解。为此，设计师需要运用适于所有人的通用化设计方法。

动态可视化使视觉元素不再呈现静止状态，而是将一系列画面相接，使之在屏幕上形成动态影像。常见的动态可视化可以是一段纯 Flash 或动画新闻，或是融新闻摄影与动画为一体的视频新闻。

做动态可视化最有经验的媒体当属电视台，因为电视新闻从某种角度来看实际上属于动态可视化的范畴，只是电视新闻未必都是数据新闻。伴随媒介融合进程的加快，平面媒体和网站也开始推出动态可视化。例如，作为《壹读》杂志衍生品的壹读视频，运用动画视频，结合数据来诠释相对枯燥的新闻事件或与时政相关的背景资料，具有很好的业内口碑。

2013 年两会期间，一个"另类"的新闻产品出炉了。壹读视频发布的《新鲜的中央政府》动画短视频只用了不到一天时间就在优酷平台上获得了 100 万次以上的点击量，短短几天内在各大视频平台获得了超过 300 万次的点击量，而壹读传媒的另一个主力媒体产品——《壹读》杂志，销量不过数万册。这一期杂志的封面报道也叫《新鲜的中央政府》，简单对比一下，很容易就能看出新旧两种新闻产品的区别：杂志封面报道文字内容多达 3 万字以上；动画短视频长度仅有 3 分钟，脚本不过 900 字。之后，《领导人是怎样炼成的》《群众路线动真格了？》等时政类动画短视频纷纷出台，均收获百万量级的收视率，也引发国内外媒体的热议。

壹读视频在编辑过程中重视脚本写作，并将其视为整个视频制作流程的核心。一个好的脚本需要做到以下几点：内容直接明白，视频时间很短，所以不能像文字报道那样有过多的铺垫；有趣好玩，在每个时长近三分钟的视频里会安排十个左右的笑点，视频不能不好笑；适合被读出来，不能像书面语言那样拗口，要口语化；有画面感，不能只是干巴巴的陈述，在写脚本时要联想画面如何呈现。撰写者和审稿人都会把握脚本的知识点和笑点，脚本的修改一般不会少于五次。杂志的稿件和微信的稿件都会成为视频脚本的素材来源，但大部分脚本还是纯原创。因为原画和动画做好后都不易修改，所以打造高质量的视频脚本就显得尤为重要。视频团队统筹主管徐冉表示：前期的协调工作十分重要，脚本定下之后就不再更改，分镜定下后也不再更改，这样一步一步都是不可逆的过程，后期才能减少工作量。

动态可视化在实现技术门槛上，相比静态可视化（见图 1-5）更高，对人员素质的要求较高，媒体的资金投入也较多，因而业内除了少数媒体推出类似的数据新闻栏目，大多数媒体只在一些选题重要的数据源新闻中做动态可视化的尝试。例如，财新网"数字说"频道在 2016 年 8 月发布的视频《动画带你看奥运百年变迁》，用动画的形式制作了将近四分钟的短视频，结合里约热内卢奥运的热点，让受众获得很好的新闻体验。

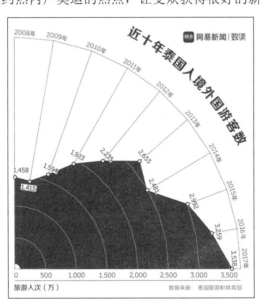

图 1-5　网易"数读"的数据新闻静态信息图

（二）封闭可视化与交互可视化

封闭可视化和交互可视化其实是针对用户来说的。封闭可视化即受众不能对媒体展现的新闻报道进行自我选择，只能对新闻进行浏览、播放，静态可视化就属于封闭可视化的内容。前面提及的呈现形式上的静态可视化属于封闭可视化，如基于平面设计的信息图，它们受限于媒体的属性，无法承载交互设计。呈现形式上的动态可视化则既可以做出封闭可视化，也可以做出交互可视化。比如一些 Flash 动画视频，用户只能控制让其播放、暂停或关闭，无法对呈现的信息内容和形式做出选择，所有人看到的内容都是统一的设计模式，用户无法获取自己关注的个性化信息。封闭可视化有其优势，即一目了然，焦点信息集中，简洁清晰。对于一些内容简单、便于理解的数据，应用封闭可视化做简单设计即可，但如果数据庞大复杂，难以理解，则可考虑交互可视化设计。

交互可视化打破了媒体的限制，站在受众的角度对新闻数据进行可视化呈现，帮助受众解决问题，并能得到受众的分享和意见反馈。例如，《纽约时报》的报道《租房还是买房好？》就采用了交互可视化设计，在这个设计中受众可以自行计算租房或买房的成本，同时设有参数对照，极大调动了受众参与的积极性，也获得了良好的反响。

数据新闻中应用交互可视化具有以下 4 个优点。

第一，过滤和简化信息。可以用交互的方式使用户直接获取自己关注的部分数据和信息，而不会迷失在一片数据海洋中。

第二，帮助用户解决问题。通过对数据的分类和结构化处理，为具有不同需求的用户提供定制化信息服务。

第三，得到用户的反馈。媒体可以借此调查用户对新闻主题有何看法，或者说媒体可以从用户那里获得相应数据。比如在突发新闻发生之后，媒体应进行 24 小时跟进，事件的发展肯定有一个过程，然后将新的信息叠加进去。每个用户都可能是新信息的爆料人，他们可以利用交互的手段，把了解到的信息直接贴到网页上去展示。

第四，让用户参与分享。用户通过自己的操作比仅仅阅读更能对新闻内容记忆深刻，并乐于分享。

既然交互可视化具有上述优点，为何这种可视化方案在国内媒体的数据新闻中并不常见？究其原因，主要有以下几点。

一是国内数据新闻团队人员的构成与英、美等国不太相同。标准的数据新闻团队应该由 4 类人员构成，其中数据技术人员是必不可少的组成部分。但实际上，国内很多媒体在运作数据新闻栏目时，只配备了文案编辑和可视化设计师。这样的人员配备难以胜任对庞大复杂数据的分析或前端开发设计的工作。正如网易"数读"栏目文案编辑张亚斌所言："真正的前端开发是不愿意到我们这种地方来工作的。因为前端开发更愿意到技术团队工作，而我们是一个内容团队，这对他们来说没有上升空间。做内容的门户网站或者媒体，想招这样的技术人员都是非常困难的，这个岗位其实很尴尬，你跟一帮媒体编辑、记者、设计师一起工作,周围没有同行,没有上升空间,也不受重视。"

二是时间成本高。一般的数据新闻栏目,以周期的方式定时更新,每周更新一期内容。而制作交互可视化作品往往需要较长的时间跨度,选题策划、数据收集和呈现设计等各环节的工作都需要一定的时间,所以如果没有大型数据新闻团队的人员配备和协作,难以在规定的时间内保持稳定的更新频率。

三是资金成本高。团队配置的上述状况使得设计交互可视化作品需要相应的技术开发人员,甚至外聘专业团队,而许多报道的预算有限,因此除非是整个媒体重视的跨部门融合选题,大部分的报道难以采用交互式设计。

尽管如此,许多参与报道数据新闻的业内人士仍然认为,交互可视化将会成为未来可视化设计的重要趋势。目前流行的交互可视化方案是开发新闻应用程序。新闻应用程序是一个基于网页开发的能够让用户完成某种特定任务的程序。

(三)PC 端可视化与移动端可视化

PC 端可视化和移动端可视化的最大不同就是画面尺寸和数据展现不同。PC 端可视化能展现宏大的画面、丰富全面的数据记录,给人带来视觉深度体验。国外媒体更多地将可视化应用于 PC 端,其呈现的视觉层次丰富,信息量较大。财新网是国内媒体中使用 PC 端可视化设计的佼佼者,先后推出了一系列具有较强市场影响力的 PC 端可视化产品,包括《三公消费龙虎榜》《星空彩绘诺贝尔奖》等。

与 PC 端可视化设计相比,国内媒体对移动端可视化方案更为青睐。搜狐"数字之道"栏目的资深编辑张静波认为,《纽约时报》等国外知名媒体做的可视化,都是适合在 PC 端上看的,这样的可视化叫好不叫座,虽然很炫酷,但无法复制粘贴,在很多设备上看不了。这可以作为重大选题进行尝试和实验,但是不适合大规模操作。PC 端设计的优势在于呈现更有深度,即可视化设计中有好多触点,对每一个色块、每一个数字、每一个交互点都可以点进去一层一层看。但是,现在大家阅读时间最多的是 iPad 和手机。iPad 和手机呈现起来不像 PC 端的深度那么多,尤其是手机客户端,在有限的屏幕上呈现深度受到限制,交互设计也趋于简单化,交互点都被概念化,因为如果交互点太深,用户可能就回不去了。

据张静波介绍,搜狐的数据新闻从 2013 年年初已经开始偏向移动端的传播:"在中国,手机上网人数特别多,我们在考虑手机呈现的时候会从形式上更简化。手机上可能就是适合看那种很简单的、上下能滑动的、能把事情了解清楚、'一二三四五'一条一条能看懂的新闻。中国现在使用最多的阅读平台除了手机浏览器,就是微信,微信应该已经超过手机浏览器了。微信平台本身是一个具有中国特色的东西。大家在微信平台阅读的时间可能已经超过读报纸、读很多东西的时间了,所以我们更多地考虑这个平台的特点,做一些适合这个平台传播的资讯产品。"

"数字之道"的设计师将这种面向移动端设计的可视化称为"轻量化"的设计,该栏目策划部主编王成对此做了进一步解释:"我们为什么考虑长图表?长图表就是这种瀑布流、信息流一样的阅读。一个是国外的社交网站，也是基于这样的结构，另一个就是考虑移动设备，如 iPad 和手机都是上下浏览，层级相对少一点。长图就特别适合手机上下滚着看，"一二三四"逐条看。还有一点就是，长图适合加工成其他产品。例如，我们做了图表之后，我们可以把它做成动态的。这个素材可以很方便地让前端工程师用 H5 的方式加工制作，这样用户体验会更好，印象更深刻；还可以加视频、音频，加动态化的数据，如表现数据增长的话，让它动起来的效果会比静态好。"

可见，使用 PC 端可视化还是移动端可视化，这已经不仅是一个设计问题，还需要考虑目标用户观看新闻的喜好和习惯、新闻报道的目标、可设计的数据量与数据关系的复杂程度等诸多因素。

四、传播途径：多种方式与平台的整合

在互联网时代，数据新闻的传播方式和平台也是十分重要的，只有结合多种方式的叙述、多个平台的传播，才能不枉费数据新闻复杂的制作过程，才能取得良好的传播效果。首先，网站、App、社交媒体的同步推送更新就是很好的传播办法。数据新闻栏目一般都附属在某个媒体之下，因此数据新闻制作完成后首先应该在相应的网站进行投放，特别是网站首页图片位置。其次，媒体的 App 也应该进行同步更新，以符合移动端受众的阅读需求。最后，也是传播最广泛的一点，就是通过社交媒体的传播。社交媒体包括国外的脸书（Facebook）、推特（Twitter），国内以微博、微信为主。微博用户众多，通过微博可以进行文字、图片、视频的发布，将数据新闻进行微博投放，通过媒体官方账号、网络"大 V"的转发极易得到推广。微信作为更为私密的社交媒体，从功能和受众上来说并不如微博，但也能较好地利用起来。媒体在微信公众号平台上发布数据新闻，受众在阅读后分享到朋友圈，也会得到较大的关注和阅读量。为了获得数据新闻良好的传播效果，网站、App、微博、微信都要同步更新。除了自身媒体的投放，也可以与其他主流媒体和搜索引擎进行合作，如将数据新闻投放到传统媒体、地方网站、百度等，多次进行数据新闻的推广运用。保罗·布拉德肖在数据新闻"双金字塔"结构中曾列出 6 种传播方式：直接提供数据新闻作品的视觉化传播、写故事方式的叙事化传播、社交媒体终端的社交化传播、增加案例采访的人性化传播、贴近用户需求的个人化传播和提供数据工具服务的应用化传播。总的来说，就是要以受众为主，若能得到受众青睐，自然而然就会得到广泛传播了。

第三节　数据新闻的人才需求

尽管数据报道可以由某个记者、自由撰稿人或者研究者独立完成，但大多数数据报道是由一个团队协同合作而生产的。这种团队工作模式类似于广播电视的新闻报道，与纸媒

的文章报道有所区别，后者主要的采写工作多由记者独立完成，编辑主要起策划、把关和后期加工的作用。数据新闻的人才需求呈现以下几个特点。

一、人才到位，各司其职

传统新闻报道可能由某个记者、自由撰稿人或评论员单独即可采写完成，而数据新闻的制作则需要多方面的人才共同"施工"。

一是需要整个数据新闻项目的负责人进行工作的安排和指导，对数据新闻产品和内容设计制作进行决策和管理。二是需要进行选题策划的新闻记者和编辑。数据新闻记者的工作是寻找数据、理解数据和编辑文稿，数据新闻编辑则须对记者工作再次把关，应该具备对数据识别的能力。三是需要数据搜集、分析工作的数据技术人员，主要负责各种数据的处理工作，最重要的就是利用计算机和多种数据处理工具对数据进行整理。四是需要将数据进行可视化呈现的制作人员，也可称为可视化设计师。他们的日常工作包括设计制图、动画视频制作等。数据新闻生产至少需要以上4方面的人才，当然也包括各种类型都精通的复合型人才。例如，数据记者大卫·麦克坎德莱斯不仅是独立记者，更是数据可视化设计师，在业界享有很高的知名度。

二、团队组建，共同协作

一般来说，数据新闻的制作都是靠团队共同协作完成的，团队成员只有互相交流配合，不断协调并进，才能在第一时间完成数据新闻的制作。团队的组建也分为几种类型。一是媒体内部通过人才招聘和整合建立独立的数据新闻运作团队。BBC、《纽约时报》就是这种类型，人数在4~6人。二是松散团队，即以媒体原有的新闻团队，外加IT技术人员，负责数据新闻版块的运营。《华盛顿邮报》就是这种类型，其编辑部内嵌套数据技术人员，负责文字和可视化的数据新闻制作工作。网易"数读"栏目也有这种类似的团队，数据新闻负责人并没有单独列出，而是属于整个新闻团队工作部门。三是合作外包团队。一些小型媒体因为没有人力和资源进行数据新闻报道，就会采用这种模式，即与数据公司或设计公司进行外包合作，以解决人才需求的缺口。

三、新闻素养，不可缺失

如果说数据新闻制作人员的到位和团队的组建属于硬件，那么新闻素养就是数据新闻生产中必不可少的软件。优秀的数据新闻工作者须具备以下几点新闻素养：一是新闻敏感。数据新闻与传统新闻一样，都是对现实社会事件的反映。因此，数据新闻工作者需要有较高的新闻敏感度，如2022年1月17日网易"数读"推送的《最可怕的是火车票涨了三倍，你还是抢不到票》的报道,就结合了春运期间的热点。二是新闻策划。数据新闻也需要新闻选题和内容策划,只是其形式由传统新闻的文字变成了数据。财新网2016年度策划《2016年的中国楼市》,就是针对中国房价现状的选题策划,从一二三线城市分析,加上对2017年的预测,内容分析独到。三是协作精神。协作是任何领域、任何工作都需要的职业素养,数据新闻领域也不例外。数据新闻制作都是以团队协作为主,制作周期也比普通新闻要长,因此特别需要工作人员的协作精神。数据新闻的生产模式由数据新闻的制作流程和人才需求两部分构成。只有人员到齐,团队配备完成,通过数据全面收集、数据高效处理分析和将数据进行可视化呈现,才能制作好一篇数据新闻。

第四节　数据新闻经典案例分析

从2014年起中国各大媒体开始尝试制作数据新闻,现在已发展得如火如荼,无论是传统纸刊还是门户网站,无论是市场化媒体还是体制内的央媒,无论是业界还是高校,都开始涉足数据新闻报道,而且都拿出了让人印象深刻的数据新闻作品。财新数据新闻中心更是在2018年的数据新闻奖比赛中获得了"2018年度全球最佳数据新闻团队奖",这也是中国媒体首度获得这一重磅奖项。"数据新闻奖"(Data Journalism Award)是2012年开始设立的首个专门表彰数据新闻领域杰出作品的国际奖项。它由全球编辑网络(Global Editors Network)组织,得到了谷歌新闻、奈特基金会、微软的支持,2018年共收到来自58个国家的630个作品,最终有86个作品获得提名,产生了13个奖项。

一、信息集纳类

案例 1-1

数说 | 这份76年的武大樱花数据,记录了地球在变暖[①]

澎湃新闻通过追溯武大樱花七十多年的观测数据后发现,樱花绽放的日期的确显著提前了(见图1-6),不仅如此,还横向比较了世界多地的樱花花期,无一例外都提早盛放,其他城市具有代表性的春花也在提早绽放,进一步说明了地球正在变暖的事实(见图1-7)。

---

① 数说 | 这份76年的武大樱花数据,记录了地球在变暖[EB/OL].(2023-03-17). https://www.thepaper.cn/newsDetail_forward_22169507.

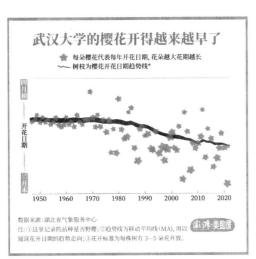
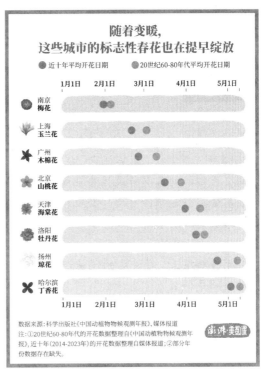

图 1-6　武汉大学的樱花开得越来越早了　　　图 1-7　其他城市的标志性春花也在提早绽放

澎湃新闻数据新闻记者吕妍：

澎湃的数据新闻有一个宗旨"数字是骨骼，设计是灵魂"。

我们每周有一个选题会扫选题，确定分工。长线选题没有确定的机制。每周有一次数据博客，1~2 天制作，还有图解类，制作 2~3 天，制作和收集过程一般一半一半，也有可能会持续 4~5 天，而长线选题也有前后做了 3 个月的。

数据要和选题结合。选题也可以分为数据优先型和话题优先型。话题优先型，就是话题很重要的，我们会去找相关数据，有时能找到，但没有的时候，就侧重于解释性报道，在内容中加上解释分析的东西。数据优先型，会找国内外机构的权威报告，结合当下的新闻点操作。

记者、编辑和美编的角色也和传统新闻不同，记者和编辑也需要有一定的数据处理的知识，在新闻敏感之外，最重要的是数据敏感，更强调的是数据的分析和整合能力。同时需要懂得一定的技术，方便和团队其他成员交流。而美编并不只是平面设计师，还包括动画设计师、3D 设计师、插画师、音视频编辑等。

澎湃新闻的数据新闻团队有 2 位数据编辑、3 位动画设计师、2 位平面设计师、2 位 3D 设计师、3 位插画师。其中编辑专业背景是学中文、新闻。设计师的背景，游戏公司、影视公司都有。

二、民生调查类

案例 1-2

钱去哪儿了？[1]

2014年，新华社"新华视点"栏目陆续推出了系列报道《钱去哪儿了？》（见图1-8），追问向公民征收的各类行政性事业收费或政府基金都去哪儿了，其调查了土地出让金、民航发展基金、住宅维修资金、公交卡押金、涉农补贴、科研经费、附加费、城市停车费、高速公路收费、彩票资金10个方面的收费乱象，以扎实的数据调查为读者揭示谜团后面的真相。

对于这些报道，最重要的还是逻辑的清晰化，在新华社内部有一种通用的"新华体"，就是按照"是什么""为什么""怎么办"来将事实呈现清楚。做任何报道都要首先把逻辑厘清，再去找合适的数据，接着才是对数据进行剖析。

图1-8 钱去哪儿了？

三、大数据分析解读类

案例 1-3

新中国70年经济简史[2]

该案例是财新数字说为庆祝新中国成立70周年的特别报道，在这70年里，中国的经

---

[1] "钱去哪儿了"十问：还有哪些部门欠公众一个交代[EB/OL]．（2014-12-25）．http://www.xinhuanet.com/politics/2014-12/25/c_1113774774.htm．

[2] 新中国70年经济简史，https://datanews.caixin.com/mobile/interactive/2019/70/

济、社会主要指标均有大幅提升,虽然走过弯路,但在半个多世纪的调整与改革中,前行趋势未变。财新数字说用数据表明2010年中国GDP总量超过日本成为世界第二大经济体。中国经济在宏观层面取得巨大进步的同时,从微观的角度也具体到民生的方方面面,分别从人口政策从限制到放开、收入增长跑赢通胀、中国住宅投资持续增加、公路出行人数增加、中国人出行速度提升(见图1-9)、医疗硬件和软件得到改善、医疗卫生费用增长迅猛等角度入手,用数据来全方位说明新中国成立70年所取得的成就。

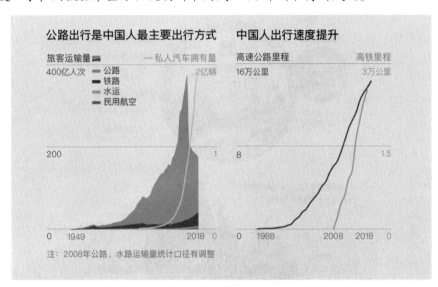

图1-9　中国人出行方式和出行速度

四、一图读懂类

案例1-4

救火英雄的中国难题[①]

搜狐新闻的数据新闻专栏——数字之道,标榜"数字虽小,幻化万物,图谱虽简,洞悉生活",独树一帜,每篇都是以长图的形式来进行数据可视化,在一张图上,用可视化的图表与文字相结合,共同构成新闻报道,为受众提供另一种全新的新闻文体阅读体验(见图1-10)。该案例从哈尔滨大火中牺牲的年轻消防员入手,盘点了近几年火灾事故中,中国消防员牺牲的人数及年龄分布,并进一步通过数据来反思:为什么中国的消防员在牺牲时普遍呈现低龄化的特点。

---

① 救火英雄的中国难题[EB/OL].(2015-08-14). http://news.sohu.com/s2015/xiaofangyuan/.

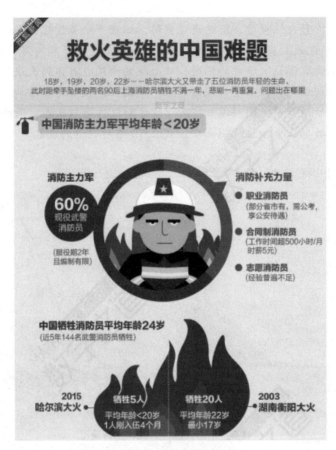

图 1-10 救火英雄的中国难题

五、视频动画类

案例 1-5

官员升迁时刻表[①]

这是和明恩传媒合作的视频之一,讲述的是中国官员的升迁之路。视频采用诙谐幽默的方式,运用相关数据表明,一个官员想要升迁,需要经历多少环节和考验。中国公务员总数达到七百多万,多数人用一辈子的时间才到正科级,如果35岁不能升到正处,45岁不能升到正厅,仕途可能就此止步,当然也会有极少数例外(见图1-11)。

时任壹读出品人的林楚方曾经在文章里说过他对壹读视频的要求:"壹读视频要求文案必须精准,撰写者要用调查新闻事件的方法调查知识;视频时长不能超过4分钟,因为时间太长大家会累;每个视频必须有20~25个笑点。同时壹读视频更加专注于做'好看'

---

① iRead 壹读. 官员升迁时刻表[EB/OL].(2017-01-30). https://www.bilibili.com/video/BV1Hs411872b/.

的新闻产品，打破一切阅读和观看的门槛，让时政和社会话题变成人人都可以看懂、也愿意看的东西。"

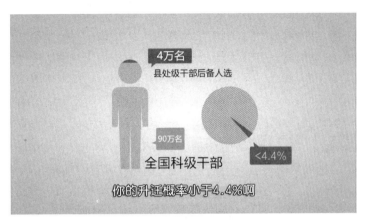

图1-11 官员升迁时刻表

复习思考题

1. 如何理解数据新闻的制作流程？
2. 当前数据新闻视觉呈现的方式有哪些？
3. 让你印象最深刻的数据新闻有哪些？为什么？

第二章

数据新闻的选题与策划

在数据新闻的生产环节中,选题和策划是其第一步。选题对于数据新闻而言是非常重要的,在日常的新闻报道中,当一个新闻事件发生之后,不同媒体会针对同样一件事情报道不同方面的内容,这是因为不同媒体的选题角度不一样,在制作数据新闻报道的时候,我们应该怎样进行选题呢?如何用数据去解构报道对象?这既需要考虑新闻价值的实现,也需要考虑数据的限制,需要在新闻和数据两个维度之间进行平衡。

第一节 数据新闻选题的类型及特征

一、数据新闻选题的类型

数据新闻往往被视为一个独立的新闻样式。但即便是数据新闻的专业奖项——全球数据新闻奖,在评比中也未曾按照数据新闻的类型进行分类,在评奖单项中有数据故事叙事(data storytelling)、数据驱动应用(data-driven applications)、数据驱动调查新闻(data-driven investigative journalism)、数据新闻网站(data-driven website or section)等类别,实际上,数据新闻内部亦有不同的类型。[①]

从数量上来看,数据新闻可以分为传统数据新闻和大数据新闻;从与用户的关系看,数据新闻可以分为信息告知式数据新闻和交互式数据新闻。中国人民大学学者方洁认为数据新闻可以分为调查型数据新闻和常规型数据新闻。

---

① 肖赛君,郑雨雯.数据新闻基础教程[M].武汉:武汉大学出版社,2021.

(一)调查型数据新闻

调查型数据新闻是数据新闻中的深度报道,也是数据新闻的最高层次。调查型数据新闻中的数据大多通过数据新闻记者获得,数据获取难度大,通常需要一个团队完成。在数据的挖掘、处理、分析、阐释上依赖数据记者想要了解的问题而定。为了体现调查性,数据新闻记者不仅需要对数据进行甄别,剔除"坏数据",还需要就报道的话题采访相关人士,确保调查报道的可靠性。

调查型数据新闻由于制作周期长、动用的媒体资源多,在呈现手段上倾向于多种手段并用,如《华盛顿邮报》对"2011年白宫枪击案"所做的数据新闻报道,以多媒体时间线为主线,辅之以地图、建筑蓝图、音频、照片等元素,将事件重现于用户眼前。

调查型数据新闻需要依托媒体强大的技术支持和人才支持才可实现,因此该类数据新闻较多出现在强势媒体中。

前《卫报》新闻编辑、现任《谷歌趋势数据》主编兼分析师西蒙·罗杰斯在其著作《数据新闻大趋势:释放可视化报道的力量》中谈道:"就数据新闻生产流程中所花费的时间来看,统计分析和信息图制作可能占整个数据新闻作品生产时间的80%。"可见,数据呈现所花费的时间不可小觑,为了提高产量和效率,将部分作品模板化、工具化,设计更精致,为记者和编辑节省时间,面对相似的新闻事件,采用模板的方式也不失为一种策略,也是一种挑战。在可视化数据新闻呈现中是仅安于现状,还是不断自我超越?模板毕竟是一个阶段的水平,而受众的审美体验和要求是不断提高的。

案例 2-1

生活在难民营[①]

Life in the Camps 译作《难民营的生活》,是由英国路透社制作的一篇聚焦孟加拉国罗兴亚难民营的数据新闻,曾获2018年全球数据新闻奖中的"年度数据可视化奖"。自2017年8月25日罗兴亚武装组织和缅甸政府军又在若开邦交火之后,一大批罗兴亚难民为躲避战乱逃往邻国孟加拉国。一时间,孟加拉国罗兴亚难民营人满为患,厕所与水井相邻交错,危险的陡坡上住满难民,人均居住面积不足,疾病危机四起。路透社记者便从以上几点切入,借助航拍、大数据统计、卫星图等技术,制作出了一篇优秀的数据可视化作品。

该作品对孟加拉国科克斯巴扎尔县罗兴亚难民营内的恶劣生活条件进行了直观展现。作品使用卫星图像和数据记录了最大的露营群库图巴朗的快速扩张以及基础设施的缺乏。临时厕所坐落在过浅的水井旁,污染了水源,生活空间处于令人绝望的状态。这个报道融合了由数据驱动的图形、照片以及视频,将故事整合起来。报道在社交媒体上广泛传播,获得了参与这场危机援助的机构和人道组织的关注。

[①] 达伦·舒特拿. 难民营的生活[EB/OL]. (2017-12-04). http://fingfx.thomsonreuters.com/gfx/rngs/MYANMAR-ROHINGYA/010051VB46G/index.html.

在数据新闻报道方面，让数据落地，使数据与水源、地图、卫生间等相结合。整篇报道共分六大块，分别从"二次难民潮后的变化""水源卫生问题""患病情况""居住地的地理风险""与国际标准的差距""迷茫的未来"，详述了罗兴亚难民营的生活。首先，该作品利用卫星图像和数据，将数据与地图结合起来，使孟加拉国科克斯巴扎尔县罗兴亚难民营内的恶劣生活条件直观地展示出来，路透社将难民的生活空间清晰地展现出来。其次，通过在地面上使用手持 GPS 设备，记录不规则扩张的库图巴朗难民营的基础设施位置。地图图解团队认识到，部分数据集可以被用于分析基础水源和卫生设施的获得情况。在进行初步分析之后，报道团队发现一些地区的水系和临时厕所离得过近，导致了主要的健康问题。最后，他们用叙述性的地图图解形式显示了这些信息，对每个抽水机和临时厕所都用一个圆点标出，并覆盖在营地足迹图上，并将这些地点与联合国的基本指导方针进行比较，以说明潜在的健康风险。

（二）常规型数据新闻

常规型数据新闻是目前应用最多的数据新闻样式。常规型数据新闻对时效性要求较高，通常要求在 1~3 天内完成。由于数据新闻的生产需要一定的周期，因此并不是所有的新闻都适合做常规型数据新闻。从题材角度看，常规型数据新闻必须是热点新闻，并能持续一段时间，而且数据容易获取。①

常规型数据新闻通常以数据集（data set）作为新闻报道的起点，通常不加质疑地使用可信来源的数据，基于已有、易得的数据，梳理、阐释某个新闻实践或社会议题。

2020 年两会期间，澎湃新闻《2020 年最高人民检察院工作报告》（见图 2-1）以数据可视化的方式，将 2020 年最高人民检察院工作报告以图文方式呈现，让原本"高大上"的检察院工作报告变得生动形象，更接地气，更符合受众视听习惯。

图 2-1　澎湃新闻《2020 年最高人民检察院工作报告》

---

① 肖赛君，郑雨雯. 数据新闻基础教程[M]. 武汉：武汉大学出版社，2021.

这是一篇非常典型的常规型数据新闻，结合当下的热点新闻，数据来源具有公开性且真实可靠，基于已有、易得的数据进行处理和分析，提炼信息，最终以可视化的形式呈现。常规型数据新闻的优势在于题材广泛、技术简单、生产成本较低，一般记者经过专业培训可以很快胜任。一般政策解读类数据新闻用"文字+图片"的形式，将大篇的政策以数据可视化方式呈现，或直接使用短视频的形式解读政策，这样的方式直奔主题，不仅满足了受众的阅读习惯，也使得政务工作更加具有人情味和人文关怀。除此之外，还可以用H5实现交互形式，不仅更加形象地解读了政策，也改变了以往的传播方式，将复杂、抽象、难懂的政策解读为简单、具体、生动的新闻报道。

在信息过剩的大数据时代，读者的阅读大多是碎片化的，阅读偏向轻量化，图解新闻浓缩精华式的报道把读者最关心的信息呈现出来，只需很短的时间，读者就能获取自己喜欢的内容。因此，在移动化浪潮来临之际，国内外媒体都开始把重心放在这类图解新闻类的数据新闻上。

二、数据新闻选题的特征

第一，选题具有新闻价值且有一定的关注度，能够引发受众的共鸣。数据新闻本质上也是新闻，既然是新闻，那其选题必然需要有新闻价值，否则不具有传播的必要性和可能性。因此，在确定选题的时候，如果是从个人兴趣出发，一定要注意内容的受关注程度，在个人兴趣与受众关注的公共话题中找到较好的结合点。

第二，选题应该可以被描述和量化。数据新闻是以对数据的采集、分析和呈现为核心内容的，它是一种量化的报道方式。从这个角度来看，数据新闻的选题必须可以被描述和量化，否则很难从数据的角度去操作。

第三，与选题相关的数据具有可信度且具备采集和分析的可能。巧妇难为无米之炊，再好的选题，如果无法采集到相关数据，也无法操作和难以实现。

第四，选题必须符合社会主义核心价值观。

三、实践中的选题操作

中国人民大学学者方洁曾对调查型数据新闻和常规型数据新闻在选题过程中的区别进行梳理。通过表2-1的对比可以发现，两种不同类型的数据新闻报道在选题和后续操作过程中都存在着很大不同。数据新闻前期的选题角度选择对后续生产工作影响深远，与此同时，不同类型的数据新闻，其生产操作过程中的差异也会对数据新闻报道的选题策划产生影响和限制。

表 2-1　调查型数据新闻与常规型数据新闻的区别①

类　　型	调查型数据新闻	常规型数据新闻
耗时	时间充裕,报道经常需要耗时几个月甚至几年	只需要数天甚至几个小时来进行报道
数据技能	经常使用编程等复杂的数据处理技能,需要团队协作	只需要基础的数据处理能力,包括使用 Excel 和部分数据分析工具、可视化工具等
报道逻辑	故事主题和观点决定了记者如何收集和处理数据	数据集是报道的起点,记者根据数据集的内容决定报道的主题和观点
数据来源	非官方数据和机密数据在调查中起着关键作用;需要多源数据;需要核查、交叉对比和证实不同渠道的数据	大量的政府数据和可公开获取的数据决定了报道的方向;数据来源较为单一,数据集经常就是数据来源;数据集被视为值得信赖的数据来源,通常不经过数据核实的工作
其他资料	记者收集的事实材料和记者的解释在报道中不可获取	仅需要依靠计算机辅助数据分析
选择数据的优先权	编辑室有独立的权力决定使用哪些数据集来报道	编辑室的选择优先权让渡,因为开放数据本身具有传播的广泛性和获取的便利性,不需要编辑把关

第二节　从数据角度谈选题策划操作

在数据新闻的报道中,数据是报道的主要内容,在选题策划阶段,需要了解可以拿到怎样的数据,以及这些数据可以做什么和如何使用。具体而言,就是当确定了一个主题之后,需要考虑如何从数据的角度去剖析报道对象。

一、确定数据的维度和纵深

每一篇新闻报道都有其具体的指向事物,不论是一个现象、事件还是问题,它总是有所指的,而数据维度就是关于这个具体报道对象的不同方面的数据集。所谓数据纵深,就是关于这个报道对象在时间或者空间变化过程中的数据集。确定数据的维度和纵深有助于帮助我们选择操作模式,对于不同的模式,其后续的投入会有很大的差距。

因此,在数据新闻报道选题策划的过程中,需要依据新闻价值对多个选题的角度进行判断,同时要在前期尽可能地搜集相关数据,对于数据的维度和纵深进行相应的判断,然后从其中选择一个合适的选题角度进行报道。数据的维度和纵深越多元化,选题策划的空间就越大,越能找到独特且有深度的选题。

---

① 方洁,高璐. 数据新闻:一个亟待确立专业规范的领域——基于国内五个数据新闻栏目的定量研究[J]. 国际新闻界. 2015,37(12):105-124.

> **案例 2-2**

财新网报道《0~100 岁看看哪些高发癌症值得关注?》[①]

世界范围内,癌症是引发死亡的一大原因,2021 年约有 1400 万个新发癌症病例。预计今后 20 年,癌症新发病例数将增加 70%。癌症是全球第二大"杀手",2015 年导致 880 万人死亡。从全球情况看,近 1/6 的死亡由癌症造成。大约 1/3 的癌症死亡源自 5 种主要行为和饮食危险因素:高体重指数、水果和蔬菜摄入量低、缺乏运动、使用烟草以及饮酒。烟草是最重要的致癌危险因素,造成约 22% 的癌症死亡率。癌症带来的一系列问题对经济影响很大,且在不断加剧。估计 2010 年由癌症导致的年度经济总费用约为 1.16 万亿美元。可见,癌症是每个人、每个国家都非常关注的话题。那么,财新网又是如何利用数据新闻报道高发癌症的呢?

1. 立体化展现新闻结构数据的时间跨度区别

财新网的数据新闻报道《0~100 岁看看哪些高发癌症值得关注?》,立体化地展现了新闻结构数据的时间跨度区别。其以 3 个部分来呈现人体的性别、年龄以及不同的年龄段所感染的病症的表现,作为该报道最主要的一个部分,此数据图从视觉方面十分形象地展现了整个身体构造,脉络清楚且十分明晰。此外,还包含 0~100 岁每个阶段都会出现的病症,并且以动图的形式,清楚地展现身体各个部位发病率的排名情况。

2. 以时间变化的逻辑呈现高发癌症的变化进程

时间变化体现了事物变化的逻辑,按照时间线来组织新闻报道,会使事件的逻辑更加清晰。但是在传统的新闻报道中,时间逻辑的表达方式比较单一,进程感并不是特别强,很难抓住每个时间点上的变化。而《0~100 岁看看哪些高发癌症值得关注?》形象地展现了时间变化导致的动图变化,从而展现病症的变化。动图最右侧的是时间线,用鼠标单击每个时间点,就可以在上方看到相应领域的男、女癌症发病率的排名。每个年龄段都有一个对应的区域,以及男、女得病率的排名。这样,读者可以对任何年龄段的信息一目了然,直观地看到每个年龄段不同性别发病率的相关信息,对时间变化维度上的癌症得病率排名与进程有全面、深入的了解。[②]

二、以小见大,集中叙述

针对同一个报道对象,不同的解构思路也会产生完全不同的切入角度和报道思路。但是,无论新闻报道的目标是简单传递信息还是深入挖掘信息,切口越小,其叙述越集中,传播效果也越好,所以从这个角度来说,在选题策划阶段应该避免泛泛而谈。

所谓选题的角度,就是我们选择其中一个方面进行报道叙述。对于初学者而言,在进

[①] 财新网. 0~100 岁看看哪些高发癌症值得关注? [EB/OL]. http://datanews.caixin.com/mobile/interactive/2019/cancer/.
[②] 肖赛君,郑雨雯. 数据新闻基础教程[M]. 武汉:武汉大学出版社,2021.

行常规型数据新闻报道时,最常陷入的误区就是不假思索地把所有与报道对象有关的数据做成图表进行堆砌,这样看似呈现得很多,但实际上读者得到的信息很少。对于常规型数据新闻报道,制作者要尽可能地将切口变小,选择一个角度并一以贯之;或者选择不同方面,但要尽量保证这些方面都是彼此相关的,避免无关联的数据呈现。

对于调查型数据新闻报道,其误区在于将注意力都放在了数据的分析对比上,而忽略了最初的选题角度,或者在数据分析对比过程中打乱了最初的选题构思,从而偏离了文章的重心。

案例 2-3

财新网报道《东海撞船事故现场还原环境影响几何?》[①]

《东海撞船事故现场还原环境影响几何?》并没有过多地叙述事故发生时的情况,而是将关注焦点放在撞船事故引起的石油泄漏对海洋生态环境所带来的灾难。该报道从国家海洋局网站获得数据,通过卫星遥感数据解译,并用动图再现了两艘轮船发生碰撞前后的整个行船轨迹,用深色图像覆盖监测到3处条块状溢油分布区。该报道通过图解的方式向公众简单明了地解释了什么是凝析油,并从原油和化学品运输行业人士以及环保人士两个不同角度解释了此次事件给海洋生态带来的环境危害。

媒体在环境事件中不仅充当着各类环保组织的有力支持者和同盟,也在公民自发组织的环保活动中充当议题的发起人和推动者。从财新网"数字说"频道的环境新闻报道的议题框架来看,我国环境新闻已经逐渐从简单的曝光与监督环境问题的浅层道德批判的孤立视角中跳脱出来,转而关注环境风险背后的深层次伦理问题、人类命运共同体的风险责任意识,以及人与自然和谐共生的生态理念等。在风险伦理的指导下,坚持整体的生态原则,倡导环境公平和正义,践行风险责任伦理,不仅强调风险后的补救,还对过去的环境事件有反思、有回顾、有追踪,更重要的是,以一种全球性和前瞻性的高度责任意识来引导和教育公众,规范实践行为,推动全球的环境治理与风险预警。

《东海撞船事故现场还原环境影响几何?》报道中整理出历史上有名的原油泄漏事件、用"满身油污的惨死灰鲸""戴着防毒面具清理油污的工人"和"满身油污正在挣扎的海鸟"等具体生动的新闻图片,形象地展现了每一次石油泄漏事件给当地生态造成的巨大破坏,对生物造成的难以估量的慢性影响,这些都将无形的生态环境风险以具象化的方式体现,用触目惊心的细节化图像和文字紧密结合,警示环境污染的风险后果,塑造公众的环保意识,促进社会的生态风险治理。

因此,从财新网的环境新闻报道中,我们看到越来越多的中国媒体开始立足于媒体定位,围绕生态环境这个全球性话题,以小见大,用全新的生态环保思维对环境议题进行重

[①] 财新"数字说". 东海撞船事故现场还原环境影响几何?[EB/OL]. (2018-01-23). https://datanews.caixin.com/2018-01-23/101201483.html.

构，并以媒体报道作为桥梁和纽带，为进一步推进我国的生态文明建设与生态理念的传播做出自己的努力和贡献。①

三、从假设到验证，避免先入为主

数据虽然是客观的，但是数据新闻报道有时候还是会"撒谎"，为什么这么说呢？一般情况下，选题策划生产者会根据手上掌握的数据和自我判断，选择一个角度进行构思，并且努力让报道沿着这个思路进行下去，但是在选题策划的过程中，不可避免地会有主观先行的情况，如何保证这种先见不影响后续报道的事实准确？为了避免先入为主导致的结论错误，可以采用"假设—验证"的思路，在研究某个问题的一开始依据以往的经验、理论和研究提出一个假设，然后收集相关资料、数据，验证这个假设。

在选题策划的一开始，需要分清楚是主观想法还是依据前期收集的数据做出的客观判断。什么是客观判断？就是数据分析结论是站在公众的角度，分析的过程符合因果逻辑，经得住推敲。在数据新闻报道的数据分析过程中，要努力做到事实认定优先于价值判断，因此，对于选题策划做出的选择要持有开放的态度，因为数据分析本来就是一个"假设—验证"的循环。

---- 复习思考题 ----

1. 数据新闻选题有哪些特征？
2. 选取一篇数据新闻，分析该数据新闻的选题来源。

---

① 肖赛君，郑雨雯. 数据新闻基础教程[M]. 武汉：武汉大学出版社，2021.

第三章
数据挖掘与获取

第一节 理解数据新闻中的数据

数据新闻（data journalism）中的"data"并不是指数字"number"。有人认为"data"泛指包括数字信息在内的一切资料，如我国台湾部分学者将"数据新闻"视为"资料"新闻，维基百科中称其是"透过对大量资料集进行分析与筛检后产出新闻报道（故事）的一种新闻处理程序"。当然如果按照这种说法，"数据新闻"的概念就存在被泛化的危险，这就意味着一切信息传播都可被纳入其中，这显然并不合理。但是，这种说法给人们提供了一种新的视角来看待数据，即不仅将"数据"视为一种特有的格式或存储形式，还将之视为"对现实生活的抽象表达"[①]。"数据也会传递给我们大量的信息。一个数据点包含时间、地点、人物、事件、起因等因素，因此很容易让一个数字不再只是沧海一粟。"[②]从这个角度理解，数据新闻是为用户在看似抽象的数据和具体的现实生活中搭建了一座桥梁，阐释数据之后的背景信息和意义，以便于用户更为全面地理解生活。可见对"数据"概念的理解是制作数据新闻的起点。

数据新闻的"数据"主要是指其新闻生产的数据来源，这里的数据是广义上的数据，借用维基百科对于数据的定义：数据，是指描述事物的符号记录，它是关于事件之一组离散且客观的事实描述，数据指计算机加工的"原料"，如图形、声音、文字、数、字符和符号等。数据和信息是两个不同的范畴，但在进入信息时代之后，人们趋向于把所有存储

[①] 邱南森. 数据之美：一本书学会可视化设计[M]. 北京：中国人民大学出版社，2014.
[②] 邱南森. 数据之美：一本书学会可视化设计[M]. 北京：中国人民大学出版社，2014.

在计算机上的信息，无论是数字还是音乐、视频、图片，都统称为数据。[①]此外，除去传统意义上的数据，数据新闻中的"数据"的意义更多的是放在大数据的时代背景下讨论的，由此，我们需要厘清"大数据"概念。二十多年前已有"大数据"的概念，2011年，麦肯锡咨询公司发布的研究成果《大数据：下一个创新、竞争和生产率的前沿》将这个概念进行大范围的推广。"大数据"主要被人们用来描述和定义信息爆炸时代产生的海量数据，并命名与之相关的技术发展与创新。所谓大数据是这样的数据——规模大、非结构化、数据集彼此无关联，需要快速地分析，且其分析依赖于新兴的技术和人才。[②]因此，数据新闻的数据源也不再是一些数字在表格中的简单汇聚，而是量级甚至是巨量级的需要复杂处理过程的数据。

第二节 数据获取的渠道及方法

互联网发展到今天，已经深入人们日常生活的方方面面，用户上网浏览的网页会成为数据，在淘宝上的购买记录会成为数据，企业生产的产品会变成数据，时时刻刻都会有各种各样的海量数据产生，但对于数据新闻的记者而言，能揭示出问题的数据才是他们所寻求的，而数据的权威性和真实性同样是非常重要的，能否获得权威的、准确的数据，数据的获取渠道十分关键。有效的数据能降低数据新闻从业者的工作量，提高其工作效率。数据新闻记者获取数据的来源有以下几种渠道。

一、获取公开发表的数据

国内外不同媒体在获取数据的来源和方法上有不同的倚重。总的来看，有的数据是已经公开发表的，媒体可以直接从相关渠道获取这类现成的数据用于报道；有的数据则不是公开发表的，必须采用一些特殊的获取方法才能得到。对于已经公开发表的数据，可以采用以下几种方式获取。

（一）政府、企业的数据门户网站

一般以"gov"为一级域名或二级域名注册的网站主要是各国政府及其相关部门秉持开放数据的理念，依据信息公开的相关法律建立的网站，其以发布政策信息、政治动态信息、科技信息、宏观经济新闻和社会人文信息等为特点，由政府信息源网站获取的数据更具权威性，所以在做数据新闻时，建议优先选择政府网站，其数据较为权威，能长期稳定更新数据，数据量较多。

全球的数据开放运动始于美国，2009年奥巴马政府签署了《开放透明政府备忘录》，同年数据门户网站Data.gov上线，自此数据开放运动在全球展开。建立数据门户网站旨在

---

① 威尔克森，格兰特，费舍尔. 融合新闻学原理[M]. 郭媛媛，贺心颖，译. 北京：中国时代经济出版社，2011.
② 章戈浩. 作为开放新闻的数据新闻：英国《卫报》的数据新闻实践[J]. 新闻记者，2013（6）：7.

满足公众的需求,提高政府的透明度和综合治理的效率,是政府的义务,也是公众知晓权的体现。继美国之后,英国、德国、日本、意大利等发达国家都相继做出数据开放承诺,发展中国家巴西、印度等也把开放数据提上日程。由此可见,数据开放的理念正在成为各国的共识,建立数据门户网站不仅加强了公众对于政府的了解,更为媒体获取相关数据提供了方便。相比于从其他途径获取数据而言,从政府设立的官方数据网站获取的数据更具权威性和可信性,减少了虚假数据的出现。为了推进数据开放的发展,不少国际组织也纷纷建立官方的数据门户网站,如经济合作与发展组织。Gata.gov 网站提供了包含农业、金融、教育等方面的数据。只要不涉及国家安全和公众隐私的数据都能在该网站上进行公布,企业、公众、个人等能免费下载,同时网站还提供各州市政府数据公开的链接,便于公众查找相关数据,并进行再利用。Gata.gov 数据网站的建立提高了民众对于政府的信任度,对数据的二度开发,实现了数据的商业价值和新闻价值。除了 Gata.gov 网站,提供免费下载的数据网站如下:unstats.un.org 提供的是各个国家近十年的就业与收入、工业、交通方面的相关数据;data.worldbank.org 提供世界银行方面的数据,涉及健康、农业、贫困等;www.ipums.org 提供的是供专业人员研究的微观数据,包括人口、居民信息等。

"国家数据"平台(data.stats.gov.cn)是国家统计局于 2013 年 9 月 12 日在原有网站的基础上对外界推出的新版数据门户,是官方认可的国家级数据门户。该网站在说明中表示,通过该网站,用户"不仅可以查询到国家统计局调查统计的各专业领域的主要指标时间序列数据,还可以按照个人需求制作个性化统计图表"。该数据有月度、季度、年度数据,以及地区数据、普查数据、国际数据 6 类统计数据。

近年来,我国中央政府和地方政府在开放数据领域做出了很多有益的尝试。2005 年 10 月 1 日,中国政府网(gov.cn)试开通,次年元旦正式开通,该网站由国家信息化领导小组批准建设,"是国务院和国务院各部门,以及各省、自治区、直辖市人民政府在国际互联网上发布政府信息和提供在线服务的综合平台"。该网站是我国中央政府公共信息平台,共设"国务院""新闻""专题""政策""服务""问政""国情""数据"8 个频道。

除了中央政府推行的官方数据门户,地方政府也设有地方统计网站,且部分地方政府还推出了公布数据的平台。比较有名的包括上海市政府数据服务网、北京政务数据资源网、无锡市政府数据服务网、佛山南海区政府的"数说·南海"等。除了上述的数据门户,还有许多数据散见于中央各部门机构、国务院各部委及地方下属政府机关的网站中。这些不同级别的网站都提供相应领域的数据资源。

(二)数据库

根据存储数据类型的不同,数据库可以分为存储结构化数据的数据库(传统数据库)和存储非结构化数据的数据库(新型化数据库)。二者都是数据存储和处理的重要工具。传统数据库萌芽于 20 世纪 60 年代,是随着数据管理技术的发展而产生的。在传统数据库中,用户可以运用 SQL(Structured Query Language,结构化查询语言)查询和处理数据,中国知网 CNKI 就是传统数据库。新型化数据库是指随着云存储、云计算等技术的推进,能存储和处理非结构化数据、多媒体信息等,北京的国信贝斯 IBase 就是新型化数据库的代表。对于数据新闻记者而言，想要从数据库中查询数据，就必须学会相关的检索语言，分清相应的数据类型，这样才能从公开的数据库中查找到所需的数据。一般而言，各国政府、大型企业、高等院校等都会建立属于自己的数据库，有些是免费公开的，有些属于公司内部的，这些对于新闻记者而言，无疑都是重要的资源。《卫报》的"数据博客"所应用的数据大都来自各国政府公开的数据库，这一点很值得我国的新闻从业者学习。IBM、亚马逊、谷歌等国际知名公司都掌握着海量的数据，因此也被称为"大数据公司"，为了发掘数据背后的潜在的巨大商机，这些公司都拥有自己的数据库，服务的对象是大型企业，如果想要从这些商业化的数据库中获取数据，就需要花费一定的金钱。

（三）数据公司

在大数据时代，数据对于新闻业很重要，同样对于其他行业而言也是宝贵的财富，甚至有人把数据比喻为新一轮的"石油"。在各行各业都对数据充满需求的市场背景下，数据公司应运而生，数据公司的主要业务是对收集到的数据进行分析，然后将所得的信息以商品的形式进行买卖，尼尔森网联媒介数据服务公司就是专门针对网络运营商、电视台、广告主等提供广告监测和数据研究服务。相比从开放、免费的数据官方网站和数据库中获取数据，从数据公司获取数据则需花费一定的成本，但能得到更专业化的服务。国外不少大型传媒集团为了节约制作数据新闻的成本，常常采取外包的形式，让专门的数据公司负责收集和处理数据。

（四）相关网络的工具

如果数据新闻记者需要获取某个网站中的相关数据，那么网页则是数据的重要来源。在网页中搜索数据离不开搜索引擎的帮助。例如，想要获取新华网对某个新闻事件的报道情况，要在搜索引擎中输入涉及该事件的关键词，然后在后面加上"site：www.xinhuanet.com"，就能搜索到新华网对于该事件在一段时间内的一个报道总量。如果想要获取固定的格式和信息来源，则需在搜索引擎中输入关键字加"filetype：pdf"，查找到的就是PDF格式的文件，输入"filetype：XLS"，查找到的就是XLS格式的文件。百度指数是大数据分享和探索的平台，数据新闻记者可以根据百度指数获得某个新闻事件的舆情变化、大众对于突发事件的关注度，还可以限定时间、地点等参数。

上述4种渠道是获取数据的主要来源。其他渠道还包括从社交平台挖掘用户信息、数据的众包式的调查等。随着科学技术及互联网的发展，未来将会出现更加多样化的收集数据的渠道，数据新闻记者的选择范围也将更加广泛，但无论选择哪种渠道，保证数据的真实性和有效性是最为关键的。

二、采集未公开发表的数据

与公开发表的数据不同的是，许多用于数据新闻的数据不能在公开渠道中获取，这些数据可能存在于某些个人或机构手中，媒体无法直接通过前述方法采集完整的数据集，而必须通过特殊的采集方法采集适合媒体报道的数据。进一步而言，媒体在这个过程中采集的数据就构成了媒体专属的"原创数据集",这使媒体的数据报道更具有个性化。这类数据的采集方法主要有以下 3 种。

(一)采访和向有关部门、机构、个人索取

在媒体制作数据新闻时,数据未必都像编辑记者所期望的那样已经公开发表,可以直接从公开渠道采集。无论是政府机构、企业组织,还是一些其他性质的社会团体、个人,都有可能掌握一些有关某一单位、领域或话题的权威数据,只是基于各种原因未能或不愿公开发表。要采集此类数据,首先,记者要对报道选题涉及的领域有较为深刻的认识,对该领域最权威的数据可能出现在哪里有自己的预判。其次,记者可以通过一些方式向有关部门或机构索取数据,如依法向政府部门申请信息公开,或通过商业合作的方式向一些机构购买数据等。最后,记者若无法从上述渠道采集数据,则需要具备采访突破能力,像做调查性报道一样找到有关消息人士,并通过对这些人的采访而追根溯源,层层深入,逐步收集报道需要的数据。

媒体记者编辑可以以公民个人或媒体机构的身份申请政府信息公开,申请的程序一般包括以下几步。

第一步:明确所需的数据属于哪级政府部门或机构管辖的范畴,是中央级政府还是各级地方政府,并明确这些数据隶属哪个具体的政府部门或机构的业务管辖范畴。

第二步:如果所需的数据隶属中央级政府管辖范畴,是国家级数据,可登录相应的国务院各部委、直属机构、直属事业单位或国务院部委管理的国家局所设立的网站。如果所需的数据隶属各级地方政府管辖范畴,属于地方级数据,则需到登录具体的地方政府政务公开网站申请。

第三步:登录相应的政务公开的网站之后,首先可选择首页的"信息公开"或"政府信息公开"频道,了解所需的数据是否属于公开信息的范畴。以国资委网站为例,登录该网站后,单击首页栏目条中的"政务公开"按钮就可以进入相应的频道(见图 3-1)。

图 3-1 政府机构网站 1

进入"政务公开"频道,选择页面左侧的"信息公开"选项(见图 3-2),就可以了解国资委的信息公开范围和申请信息公开的方法。如果想要的数据隶属信息公开的范畴,就可以提交申请了。

第四步:根据所登录政府机构网站中的"信息公开指南"说明,下载各部门的信息公开申请表,以相关部门规定的方式提交申请后就可等待政府部门的回复了。根据《中华人民共和国政府信息公开条例》的规定:"行政机关不能当场答复的,应当自收到申请之日起 20 个工作日内予以答复;需要延长答复期限的,应当经政府信息公开工作机构负责人同意并告知申请人,延长的期限不得超过 20 个工作日。"

图 3-2 政府机构网站 2

（二）组织对新闻事件或话题的问卷调查

问卷调查不仅是新闻传播界的一种重要的研究方法，也是媒体获取资料的一大途径。问卷调查一般包含三步：一是设计问卷，准备调查内容；二是确定样本，选择调查对象；三是收集调查数据。

1. 设计问卷

问卷是使调查信息量化的基础。它将调查者的意图以精心设计的问题的形式呈现给调查对象。一般而言，规范的问卷应该包含前言、指导语、问题和答案、调查过程记录 4 个部分。

1）前言

前言即问卷说明和介绍，一般置于问卷封面或是首页最显眼的位置。前言需向调查对象简要说明调查的宗旨、目的、意义和价值，引起调查对象的兴趣，同时解除他们回答问题的顾虑，并请求当事人予以协助。

2）指导语

指导语可以放在前言中交代，也可以在问题开始前进行逐一提示，它是为了指导调查对象如实填答问卷而设置的。问卷的指导语说明了问卷限定答案的选择范围，如是多选还是单选、是否要按照重要程度排序等；指导回答问题的方法，如使用打"√"或是其他符号填答问卷；阐释具有特定含义的概念或是鼓励其如实填答。

3）问题和答案

问题和答案是调查内容的客观体现，如何有逻辑地设置问题，这是问卷设计中的重点部分。

（1）问题的设计。问卷调查中的问题一般包含开放式和封闭式两种。开放式问题没有对应的答案设计，调查者只在问题后面设计大小合适的空白处供调查对象填答即可。这类问题给了调查对象自由表达的机会，可能带给调查者令其惊喜的答案，但是也容易受到调查对象的抵触而使填答率很低，同时这类问题也难以做量化处理。封闭式问题也称强迫选择式问题，这类问题设计时已经将可能的答案完全列出来供调查对象选择确认。调查对象无须采用自己的语言概括，更便于选择填答。同时对于调查者而言，此类问卷便于编码和统计分析，适合后期的量化研究。

封闭式问题一般有以下几种具体形式。

针对具体唯一答案的填空题：如提问年龄、就业年限等问题，调查对象一般只需填写一个简单的数字。

是非选择题：只需在"是"或"否"这两项中选择的问题。

多项选择题：可以在备选答案中多选一、无限制多选或是有限制多选的问题。这是调查问卷中最常出现的题型。

顺位式问题：需要调查对象对问题答案进行排序的一种特殊的多项选择题。

矩阵式问题：将几组类似或关联的问题及其答案以矩阵的形式呈现的问题。

表格式问题：其设计思路与矩阵式问题类似，只不过采用了表格这一外在表现形式。

（2）答案的设计。对于开放式问题，答案只需设计相应的空白处即可；对于封闭式问题，答案设计一般有以下几种具体形式。

定类层次的答案：将不同备选答案进行类别划分，并标以数字序号加以区别。这类答案设计需注意防止出现备选答案遗漏、答案之间相互交叉等问题。

定序层次的答案：主要用于调查人们的意见、态度和情绪，如满意度调查，常见的有三级量表、五级量表和七级量表。这类答案设计过程中需要注意正、负两面答案的平衡，排版中需呈现一定的顺序。

定距层次和定比层次的答案：对答案中不同的程度差异进行具体的划分，而不只是标注序列程度上的差别。如对收入、时间等问题的备选答案细化成不同等级，在答案中融合进具体的收入和时间的差别。这种答案设计需要对调查对象的情况有一个初步的了解，才能确保划分的范围具有科学性和可比性。

4）调查过程记录

记录调查者的姓名或编号、审核员的姓名、问卷的编号、调查地点、问卷发放及回收时间、问题的编码等内容。这部分内容是对调查过程形成记录，对于控制调查问卷的质量非常重要。

2．确定样本

1）概率抽样

概率抽样是使调查总体样本中的每个单位都具有同等可能性被抽中的机会的抽样方法。用这种方法抽取的样本代表性较强。概率抽样包括以下几种。

（1）简单随机抽样。

（2）系统抽样。

（3）分层抽样。

（4）整群抽样。这种抽样方法又称聚类抽样，是指先将总体按照某种标准分群，每个群为一个抽样单位，然后用随机的方法从中抽取若干群，抽中的样本群中所有单位都要进行调查。整群抽样的成本低，便于操作，但是应用这种方法时要求各群之间的差异要小，而群内的差异要大，这是整群抽样有别于分层抽样之处。由于样本经常不能均匀分布在总体中，整群抽样的代表性低于简单随机抽样。

（5）多阶段抽样。多阶段抽样即多级抽样。相比前 4 种抽样方法一次性直接从总体中抽出样本，多阶段抽样需将抽样过程分为几个阶段，结合使用上述方法中的两种或数种来完成抽样。这种抽样方法操作起来较为复杂，但在面对大规模调查对象时能确保样本具有较高的代表性。

2）非概率抽样

新闻媒体经常采用的抽样方法是非概率抽样。非概率抽样中每个个体进入样本的概率处于未知情况，无法根据样本计算样本误差，因而不能根据对样本的调查结果推论总体的状况，只能大致了解人们对某个事件或话题的态度、意见和情绪。非概率抽样包括以下几种。

（1）方便抽样。常见的街头调查就属于方便抽样中的"偶遇抽样"，而新兴的网络调查实际也属于方便抽样。方便抽样只考虑了调查的便利，样本不具有代表性，因此其调查结论不能作为科学依据。

（2）立意抽样。立意抽样也被称为"判断抽样"，当调查者熟知自己的调查总体时，经常会采用这种抽样方法，根据主观经验选择样本。

（3）配额抽样。配额抽样是指调查者将调查总体根据一定的影响因素划分为不同类别，在各类别中再采用方便抽样或立意抽样的方法来完成的抽样方法。这种抽样方法多用于民意调查。

（4）滚雪球抽样。滚雪球抽样是指以若干个具有所需特征的人为最初的调查对象，然后将他们提供的认识的合格的调查对象纳入样本，再由这些人提供第三批调查对象，以此类推，形成调查样本的抽样方法。这种抽样方法多用于调查少数群体。

3．收集调查数据

问卷设计完备且确定了抽样的调查对象后，调查者需要确定是采用自行填答问卷的方法还是让访问员进行提问和记录的方式来收集调查数据。

自行填答问卷可采用邮寄问卷、集体填答、电子邮件、在线填答等方式进行。邮寄问卷是早期从事调查数据收集的重要方法，但其填答率太低且对媒体而言缺乏时效性，因此不适合用于新闻报道的调查中。集体填答是在一个统一的时空中进行填答，便于研究者现场引导，能回收较多的问卷。电子邮件是互联网兴起后新出现的收集数据的方法，它节能环保且便于发送和收集数据，但是获取调查对象准确的电邮地址并不容易，且这种方式经常会被调查对象视为不够正式，导致回收率不高。在线填答是将设计好的问卷挂在网站网页上，然后以电邮和其他方式在互联网中扩散链接，让人来答卷的一种方式。这种方法节省了调查后期数据处理的时间，但是其基于调查对象的志愿填答，样本的推广价值堪忧。

（三）发起用户众包

众包是指企业或机构通过公开招募的方式将工作外包给一群非特定的个人或团队，而不是像以往一样依赖于雇员完成。众包的形成有赖于公开招募形式的运用，且需要大量有能力完成此项工作的潜在劳动力。

在新闻界，媒体的"众包"尝试首先是推出一些公民记者的报道平台，将公民记者吸纳进内容生产环节。2006年8月1日，CNN正式推出iReport（我报道）平台，在其主页的醒目位置设置iReport链接，观众可以通过"发送你的报道"（Send Your iReport）链接和电邮两种方式发送自己采写的新闻。所发报道通过CNN编辑的审查之后，即可在网上或者节目中播出。CNN专门为参加者提供了一个工具包,以提供基础知识和上传操作指导,并制定了详细的投稿指南,降低参与难度。

自2009年开始,公民记者在一系列重大新闻报道中的影响力日益显现,同时部分媒体也开始接纳"众包"的理念,将之运用到一些重要题材的报道中。

2010年海地发生地震,大量来自一线的公民报道见诸媒体,更多主流媒体开始推出众包新闻,主流新闻业越发认识到众包这种新闻生产模式的创新意义。如《卫报》编辑梅塞德斯·邦茨(Mercedes Bunz)就在名为《到时间给众包新闻一个媒体奖了?》的文章中称:"更多记者开始尝试用众包的方式获取信息,他们无视新闻界的传统——过去人们认为调查不能让竞争对手获知。"

1. 媒体运用"众包"采集数据的步骤

用"众包"方式采集数据包含三步:第一步是发出任务邀请函;第二步是等待用户回应和反馈;第三步是统计分析用户提供的内容,制作数据新闻。最后"众包"数据新闻除非遭遇缺乏回应的难题,否则都应该将采集的数据制作成报道,而不能戛然而止,给参与的用户留下问号。

下面着重对任务邀请函进行分析。

"众包"的任务邀请函是媒体发给用户的"众包"任务书,号召用户参与"众包"。从用户的角度来讲,这份邀请函是其获知众包任务且决定是否参与的重要信息来源。撰写任务邀请函包括以下几个基本要点。

(1)制作一则对话体标题,吸引用户关注话题。多以疑问句形式提出,用问题唤起用户关注。对于问题是否为用户关注,这就考验编辑对用户需求的认知了。有时编辑以为重要的问题可能根本无法唤起用户的注意,就会出现"众包"无人关注的尴尬境地。

(2)提要题部分直陈报道目的。除了最醒目的新闻标题,在网站刊发的新闻经常在标题页面刊发一段简短的"提要题",对报道的内容进行简要概括。在众包数据新闻报道中,提要题的内容是在标题的基础上进一步说明报道的目的。

(3)主体部分交代报道背景,说明报道价值,明确需求的内容,给予用户指导。

2. 发起"众包"采集数据的局限

(1)选题受限。一般众包新闻多以呈现话题在分布较广的不同地域的整体状况和差异性为其特征,它适合以"面"的铺陈为报道诉求,而非以"点"的挖掘为报道目的的新闻选题;它适合呈现一个话题的多样性表现,但难以呈现话题本身的历时性延展;它适合收集与公众利益相关、相对直观的数据,但在报道专业问题和收集权威数据时则难以显现其优势。

(2)数据受限。由于选题的限制,"众包"方式采集的数据也有局限性。首先,体现在数据采集效果的不稳定上,即众包新闻自发布任务书到获得数据,这个过程的历时具有不确定性,有可能数日或是数小时就获得大量的响应,有可能几周内也无甚关注,这就使得记者难以以这样一种不稳定的形式作为获取数据的主要渠道。其次,体现在获取的数据质量存在良莠不齐、分布不均的问题。由于媒体只是号召公众参与,公众给予的数据具有个性化和多元化的特点,将之形成完整和统一的数据集是一个难题。另外,从西方媒体现有的操作中可见,一般大型城市的居民、年轻的网络用户更热衷于参与这类众包新闻,而一些地域相对较偏远的中小型城市的居民和非网络原住民则较少参与，这就会使后期的数据呈现地域和人群分布不均的问题。

（3）呈现受限。由于选题和数据都存在局限，这也导致众包新闻的呈现方式较为单一，众包新闻多以"地图"方式呈现。如何拓展其呈现形态，这也是对记者、编辑的考验。

案例 3-1

《华盛顿邮报》报道"美国政府关门"[①]

2013 年 10 月 1 日，由于民主党和共和党未能就政府新财年预算决议达成共识，美国政府陷入 17 年来首次关门风波——自 1 日起非核心部门"停摆"，约八十万名政府雇员被强制休无薪假期。《华盛顿邮报》用了大量篇幅持续报道这一新闻事件，并组织网站用户参与"众包"，以展现"政府关门"到底对美国人的生活产生了怎样的影响。

在一篇名为《全美哪些地方感受到政府关门的影响？》的报道中，最显眼的是一张众包地图。地图上遍布着 4 种颜色的圆点体现参与公众感知的影响程度的差异：灰色代表不受影响，浅粉色代表受到一些影响，红色代表日常生活受到影响，深红色代表人生受到影响。共有 2317 人参与了此次报道，这个数据虽然并不惊人，但是参与者并不限于华盛顿地区，几乎遍布全美的各个州，以地图的方式呈现，能清晰地看到不同地域的人们受这一事件影响的差异程度。报道也证明了有关政府关门这样看似严肃的政治话题，实际能从更亲民的角度去做报道，因为普通公众的生活与之息息相关。

值得注意的是，这张众包地图是以互动形式呈现的，可单击上方的圆点以了解参与者的态度，同时地图下方的页面是一个名为"用他们的话说"的版块，以格子式排版列出了各参与者的说法，让人更直观地感知公众对政府关门的态度。

三、十大实用数据网站和四大数据导航类网站推荐

在这个用数据说话的时代，能够打动人的往往是用数据说话的理性分析，无论是对于奋斗职场的年轻人，还是需要数据进行分析和研究的新媒体人，能够找到合适的数据源都是非常重要的。特别是想要对一个新的领域进行研究和探索的人，拥有这个领域的数据是有十分重要的意义的。

在这里给大家推荐一些数据网站，有了这些资源，不仅可以在数据收集的效率上能够得到很大的提升，也可以学习更多的思维方式。

（一）公开的数据库

1. 国家数据（http://data.stats.gov.cn/index.htm）

数据库特点：该数据库只需要注册，数据免费下载，而且提供 Excel、CSV 等机器可

[①] 马苏玛·阿胡贾, 达拉·卡梅隆. 全美哪些地方感受到政府关门的影响？[EB/OL].（2013-09-25）. https://www.washingtonpost.com/wp-srv/special/politics/2013-shutdown-federal-department-impact/.

数据新闻实务

读格式,并且可以在线生成可视化效果(见图3-3)。

图3-3 国家数据网

数据内容:数据来源于国家统计局,包含我国经济、民生等多个方面的数据,政府是最大的公共数据来源,国家统计局数据库提供了全面的关于我国的信息,涵盖了我国土地、水资源、矿产等方方面面的信息,如果需要分析我国的问题则必然会用到该数据库,该网站简洁美观,还有专门的可视化读物。

> **演示操作**
>
> 使用该数据库最简单的方式是使用导航条,可以看到导航条中包含月度数据、季度数据、年度数据等(见图3-4),这里以地区数据中的省(区、市)年度数据为例。
>
> | 地区 | 2016年 | 2015年 | 2014年 | 2013年 |
> |---|---|---|---|---|
> | 北京市 | 2173 | 2171 | 2152 | 2115 |
> | 天津市 | 1562 | 1547 | 1517 | 1472 |
> | 河北省 | 7470 | 7425 | 7384 | 7333 |
> | 山西省 | 3682 | 3664 | 3648 | 3630 |
> | 内蒙古自治区 | 2520 | 2511 | 2505 | 2498 |
>
> 图3-4 国家数据网中省(区、市)年度数据
>
> 可以看到左侧为指标栏,右侧为对应的数据内容,顶部包含查询、数据地图、经济图标项,顶部右侧为数据管理菜单、报表管理菜单。其中高级查询能够模糊查询相关指标;数据地图可以以可视化的方式展现指标;顶部可以点选某个年份,通过色彩深浅可以了解该指标值的变化;经济图标项则是对指标做好了各类展示图形,如对北京市最近十年的工资情况做了可视化(见图3-5)。
>
>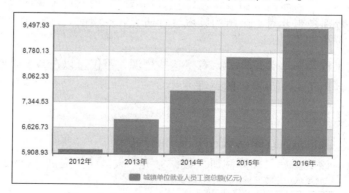
>
> 图3-5 北京市近十年的工资情况(部分)

数据管理可以对数据进行新增、筛选、统计等操作，报表管理可以改变数据维度等操作。该菜单可以提供一系列的统计功能，如选择统计→对行运算→求平均，就可以得到每个城市各月的平均值（见图3-6）。

图 3-6　国家数据网中的数据统计功能

2．中国统计信息网（http://www.tjcn.org/）

数据库特点：该数据库需注册，以金币作为购买货币，金币需要花钱购买，所以大部分下载需要收费（见图3-7）。

图 3-7　中国统计信息网的网址信息

数据内容：国家统计局的官方网站，汇集了海量的全国各级政府各年度的国民经济和社会发展统计信息，以统计公报为主，还包括统计年鉴、阶段发展数据、统计分析、经济新闻、主要统计指标排行等。

演示操作

可以根据自己的需求选择相关主题，进行下载或者查看相关新闻（见图3-8），也可以进行高级搜索，按照搜索范围、时间限制、价格限制和关键字进行搜索（见图3-9），或者选择"统计年鉴下载"选项卡，即可选择不同地区、不同年份的年鉴，根据不同的收费标准进行下载，有光盘和PDF格式可供选择，所需金币必须用人民币购买。

图 3-8　搜索与下载界面　　　　图 3-9　高级搜索

3. OECD 数据库（http://stats.oecd.org/）

数据库特点：该数据库无须注册，免费下载，提供多种机器可读格式，并可在线进行简单的数据分析和可视化（见图 3-10）。

图 3-10 OECD（经合组织）数据库

数据内容：OECD 数据库是一个庞大的在线统计数据库，OECD 是指经济合作与发展组织（Organization for Economic Cooperation and Development），现共有 38 个成员国，分别为澳大利亚、奥地利、比利时、加拿大、智利、捷克、丹麦、爱沙尼亚、芬兰、法国、德国、希腊、匈牙利、冰岛、爱尔兰、以色列、意大利、日本、韩国、拉脱维亚、卢森堡、墨西哥、荷兰、新西兰、挪威、波兰、葡萄牙、斯洛伐克、斯洛文尼亚、西班牙、瑞典、瑞士、土耳其、英国、美国、立陶宛、哥伦比亚、哥斯达黎加。该数据库包含以上国家的相关统计信息，如 GDP、失业率、教育等。另外，也包含一些公共组织的信息。

> **演示操作**
>
> 数据库使用起来十分方便，左侧可以选择各个指标，也可以利用搜索功能。例如，选择 "General Statistics" → "Country statistical profiles" → "Australia" 就可以获得澳大利亚的一般统计数据（见图 3-11）。单击 "导出" 按钮，就可以下载指定格式的数据（见图 3-12）。
>
>
>
> 图 3-11 根据不同国家下载不同的数据　　图 3-12 选择下载格式
>
> 另外，该数据库提供了可视化选项，如想展示澳大利亚的人口增长率图，只需要在数据表中单击 "Subject" 按钮，勾选 "Population growth rates"，然后选择 "Draw chart" 选项中的折线图，简单的操作即可获得可视化图片。

4. 世界银行（https://data.worldbank.org.cn/）

数据库特点：该数据库无须注册，免费下载，提供多种机器可读格式，并可直接在数据库中进行简单的分析和可视化，自动生成数据可视化代码，嵌入自己的网站，呈现交互设计（见图3-13）。

图3-13 世界银行

数据内容：如果需要分析国家的相关数据信息，那么世界银行数据库将是不二选择。我们可以在该数据库中免费获取世界各国的发展数据，其提供了九千多个指标文档。该数据库通过简单的选择即可形成可视化展示，也可以很容易分享到自己的网页中。

世界银行数据库使用起来简单直观，通过搜索或者单击"国家"或"指标"按钮可以迅速地定位到你关注的国家，也可以选择所需语言（见图3-14）。单击"国家"按钮定位国家选择语言，也可以在"快速搜索"中输入国家首字符来定位，还可以在右侧按照地区或者收入水平来定位国家，进而选择合适的语言。

图3-14 可选择不同语言

单击"中国"按钮后将会看到不同的数据，如GDP、人口、入学率、CO_2排放量等，右侧则可以下载关于中国的指标数据（见图3-15）。

图3-15 选择不同的下载格式

当然，单独的国家显示虽有意义但是效果不好，我们还可以将中国与相应的国家进行比较，单击GDP图中左上角"GDP（现价美元）"按钮，可以看到顶部筛选框中多了一个蓝色块——GDP（现价美元），其下部左侧则是中国的GDP（现价美元）折线图，如果在右侧选择GDP中的多个指标，相应的折线图也会变化，再往下拖动该页，就可以看到不同的国家。

在"所有国家和经济体"中还可以再选择国家进行比较，这里选择"印度"选项，可以清楚地看到中国与印度从1960年开始到2015年的GDP变化情况，可以发现1990年前两国基本差不多，但是1990年后中国扶摇直上，而印度增加缓慢，因为两国人口差不多，此图就说明中国改革开放成就巨大（见图3-16）。单击右上角"分享"按钮可以方便地生成分享代码，嵌入自己的网页中，呈现交互式可视化（见图3-17）。

"分享"按钮旁边的"详细信息"则是对指标的文本解释（见图 3-18）。

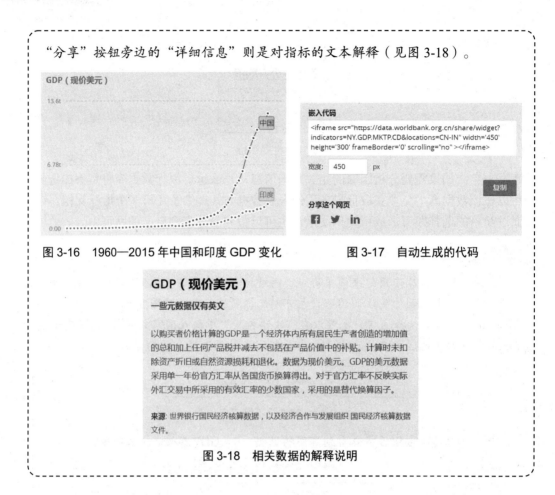

图 3-16　1960—2015 年中国和印度 GDP 变化　　图 3-17　自动生成的代码

图 3-18　相关数据的解释说明

5. 联合国数据库（http://data.un.org）

数据库特点：该数据库无须注册，免费下载，提供多种机器可读格式，并可直接在数据库中进行简单的分析和可视化（见图 3-19）。

图 3-19　联合国数据库

数据内容：联合国数据库提供免费数据检索和下载服务。其数据总量为六千万条，涵盖农业、犯罪、教育、就业、能源等方方面面。

演示操作

数据库的使用都是大同小异的，因为其均为英文，找到 Databases 列，可以看到不同的分类，如"Crime"（犯罪）和"Education"（教育）分类，所以一般需要了解某个方面，就找某个分类即可（见图 3-20）。

以"Education"数据为例,下拉"Education"按钮,选择"UIS Data Centre"选项(见图 3-21),在全部数据库列表中选择自己所需数据(见图 3-22),"View data"则打开了数据窗口(见图 3-23)。

图 3-20 不同主题的分类

图 3-21 Education 主题下不同的类目

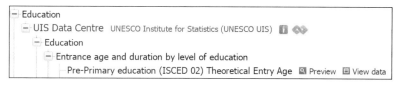

图 3-22 查找自己需要的数据

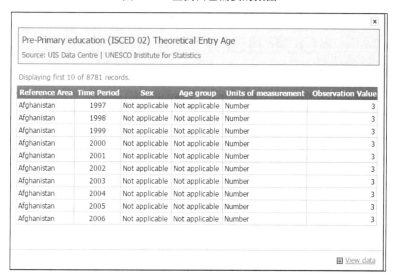

图 3-23 查看具体数据的操作界面

左侧窗口可以选择国家及时间段过滤,如选择"Angola"→"Apply Filters"就获得了安哥拉的相关信息(见图 3-24)。

除此之外,窗口顶部还有一系列可选项。"Download"选择合适格式下载;"Select columns"选择查看的列;"Select sort order"选择排序项;"Select pivot column"类似于 Excel 的透视表功能,能够实现简单的统计功能。

图 3-24　选择不同国家的操作界面

6．OpenCorporates（https://opencorporates.com/）

数据库特点：该数据库无须注册，提供 XML/JSON 格式、CSV 或 XLS 格式文件等机器可读格式，分享免费，但是下载部分需要收费（见图 3-25）。

图 3-25　OpenCorporates

数据内容：世界上最大的公司信息数据库，提供各公司的相关信息。

演 示 操 作

　　该数据库类似于公司信息搜索引擎。例如，在搜索框中搜索"IBM"就搜索到 1704 家包含关键词"IBM"的公司，右侧可以按照具体地理位置进行筛选，右上角可以社交分享，或者获取 XML/JSON 格式，或者直接下载 CSV 或 XLS 格式文件，但是需要收费。因此，该数据库最大的用处就是可以用来查询企业信息，再做数据新闻时若遇到有关企业类的信息，可以从该网站获取数据。例如，我们已经知道 IBM 公司总部在纽约州，所以在右侧选择 NEW YORK(US)，并且在搜索框选中"exclude inactive"选项（只看还在运营的），结果有 34 家企业被筛选出来，找到总公司，选择后就看到了 IBM 公司的信息（见图 3-26）。值得注意的是，我们也可以通过搜索引擎获取相似的信息，但是数据库中的数据相对来说比较权威。

图 3-26　IBM 公司的具体信息

7. 启信宝（http://www.qixin.com/）

数据库特点：需要注册，每天有查询的免费次数，超过次数则需要收费，如果要了解得更为详细，需要开通会员（见图 3-27）。

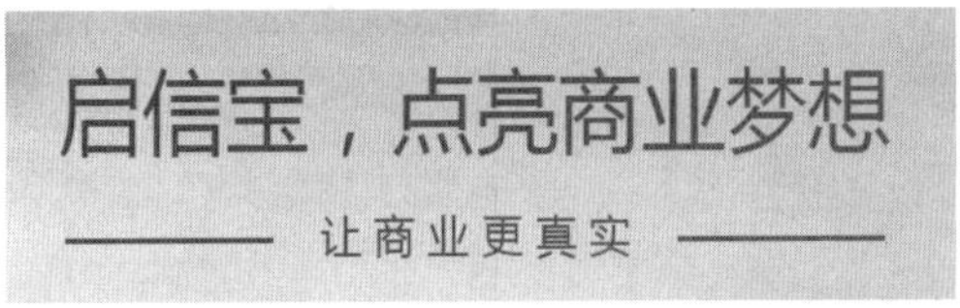

图 3-27　启信宝

数据内容：用于查询企业的工商信息、法院判决信息、关联企业信息、失信信息、司法拍卖信息、招聘信息和企业评价信息等。

演示操作

在搜索栏中，搜索自己感兴趣的企业或者人名，单击企业名称导航栏上有基本信息、风险信息、企业图谱、知识产权等，也可立即下载信用报告，但是需要收费。如果单击"企业者"按钮，可以看到与之有关联的其他合作伙伴，以及与之有关的所有企业，但是每天免费搜索只有一次，如需搜索更多，则需要开通会员。

8. ProPublica 数据库（https://www.propublica.org/datastore/）

数据库特点：包括免费数据和收费数据，该数据库所有数据都是网站在报道中曾使用的原始数据，上传到网上供其他感兴趣的人下载使用，可以帮助我们低成本地完成本来具有挑战性的且昂贵的调查报告，与此同时，还提供高级数据及定制化数据服务，如果自己有数据，也可以在这个网站上传分享（见图 3-28）。

图 3-28　ProPublica

数据内容：ProPublica 是一家针对美国社会公共兴趣进行调查报道的独立非营利机构，专注于真实重要的事件，用报道彰显道德力量。通过报道工作揭示弱者到强者的真相，并且为正义辩护。ProPublica 包含一个数据库，可以访问网站报道中的数据。

演示操作

网站数据分类主要涵盖美国社会的主要方面，首页菜单项 Data Sets 中可以选择，包括 Health（健康）、Criminal Justice（犯罪）、Education（教育）、Politics（政治）、Business（商业）、Transportation（交通）、Military（军事）等（见图 3-29）。网站数据资源主要分为两种：PREMIUM，高级资源，需要一次性收费获取；FREE，可以自由下载或在线使用。

数据获取方式也十分简单，下面以 FREE 数据为例：① 选中某个 FREE 数据；② 在右侧 GET THE DATA 中填入必填项（带*标识的），单击"SUBMIT"按钮（见图 3-30）。

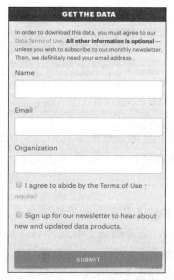

图 3-29　不同主题的数据　　　图 3-30　获取数据的操作界面

9. 镝数聚（https://www.dydata.io/）

数据库特点：一个数据分享和写作的平台，数据库中的数据都是源自开放数据库，并根据相关机构、主题分类，清洗后再上传，其中还提供相应的数据使用案例，用户需注册后下载，提供 XML、CSV 等机器可读格式，大部分数据免费，数据干净可直接分析和使用（见图 3-31）。

图 3-31　镝数聚

数据内容：数据内容较为庞杂，包括商业、时政、教育、社会等数据，分类较为细致，数据比较权威，并且数据干净可直接在 Excel 中进行进一步分析。

演示操作

选择"数据仓库"选项卡，可根据自己的关键词搜索，也可根据机构、主题搜索，除此之外，还可以上传自己的数据（见图 3-32），提供不同格式的数据（见图 3-33），选择相关数据之后，单击"下载"按钮，即可得到自己所需数据（见图 3-34）。

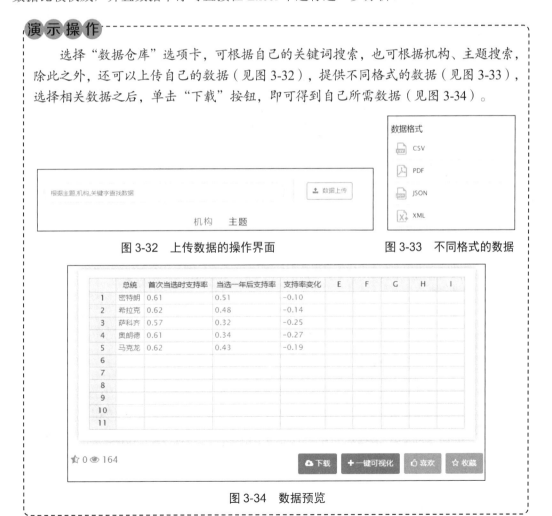

图 3-32　上传数据的操作界面　　图 3-33　不同格式的数据

图 3-34　数据预览

10. 199IT（http://www.199it.com/）

数据库特点：注册后部分内容可免费下载，部分需要收费，也可以在线浏览部分内容，但大部分是 PDF 版本，无法进行简单分析，但是其中涉及数据可以用于数据新闻的制作（见图 3-35）。

图 3-35　199IT

数据内容：可以获取国内外各行各业的研究报告，研究报告建立在大量的人力、物力调研的基础上，是对行业研究的调研分析、数据总结以及结论阐述，可以对数据新闻相关主题或者验证起到指导作用。

演示操作

可以根据不同的主题或者自行搜索查询（见图 3-36），一般标题上有"附下载"3 个字，即说明该研究报告可供下载，并会提示下载方法（见图 3-37）。

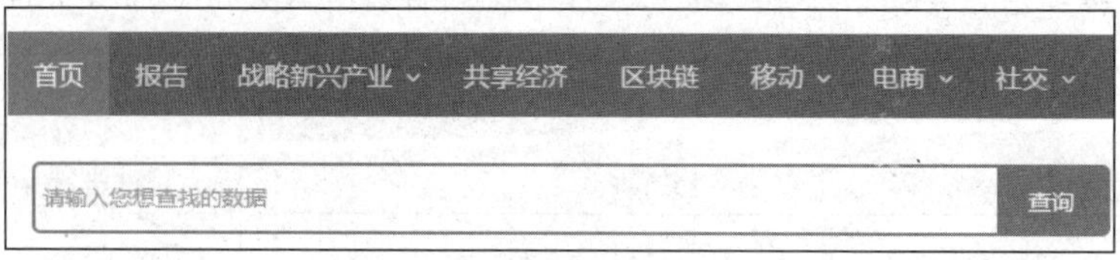

图 3-36　搜索界面

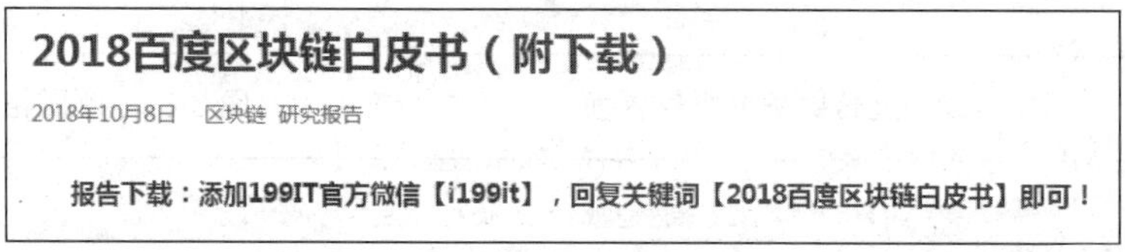

图 3-37　下载界面

（二）数据导航类网站推荐

数据的来源有很多种，转换一种思维，你就可以获得不一样的数据。下面推荐几个数据导航类网站，如果你对数据没有任何头绪，这些数据导航类的网站可以帮助你打开思维，得到获取数据的新思路和新渠道，获得自己想要的东西。当然，每个人喜欢的收集数据的渠道不尽相同，只有尽量多地去实践，才会发现更多的适合自己的数据获取方式。

1. 199IT 大数据导航（http://hao.199it.com/）（见图 3-38）

图 3-38　199IT 大数据导航

2. 数据分析网导航（http://www.afenxi.com/hao）（见图 3-39）

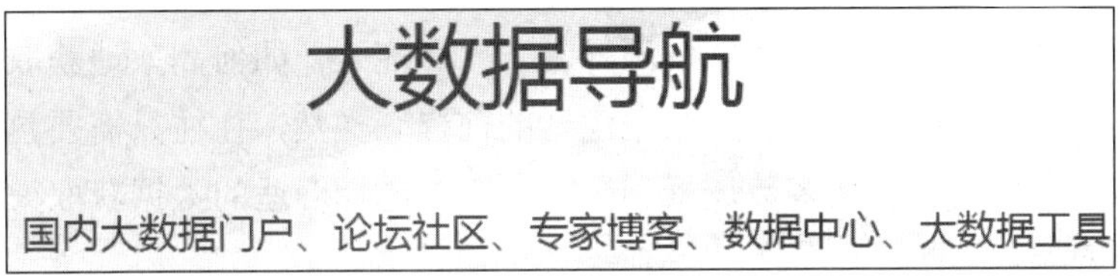

图 3-39　199IT 数据分析网导航

3. 大数据人导航（http://hao.bigdata.ren/）（见图 3-40）

图 3-40　大数据人导航

4. 大数据 123（http://www.dashuju123.com/）（见图 3-41）

图 3-41　大数据 123

（三）巧用搜索引擎

这里以百度为例进行介绍，一般大众使用搜索引擎时都是在首页直接输入关键词，如果有多个信息就同时输入多个，然后以空格互相隔开，这存在一个问题——搜索结果量过于庞大，时效性不高，也就是说很多年前的东西也会被搜出来。针对这个问题我们可以使用搜索命令来做限定，不过更好的办法是直接使用百度高级搜索界面（见图 3-42）。例如，我们可以选择显示最近一年，网页格式选择.doc，还可以限定在某个网站上进行查找等（见图 3-43）。

数据新闻实务

图 3-42　百度高级搜索界面　　　　图 3-43　根据限定条件进行搜索

在互联网高度发达的今天，数据资源异常丰富和庞大，如何高效地获取数据成为一种重要的能力，毕竟获取数据是一切用数据说话的前提。当然，往往只需要熟练掌握一两种方法，便足够大多数人应付大多数场景和需求，所以选择合适的数据获取渠道还需要亲自探究。

四、上机实践操作

（一）从国家数据网下载近十年的国内生产总值数据

（1）在浏览器中输入 http://data.stats.gov.cn/ 进入国家数据网的主页面（见图 3-44）。

图 3-44　国家数据网主页面

（2）选择根据关键词"国内生产总值"搜索相关数据，也可以在已有的导航栏选择年度数据。

（3）找到国民经济核算，选择"国内生产总值"选项卡，单击"年份"按钮，选择 10 年。

（4）找到所需数据后，选择下载的格式为 Excel 或者 CSV，两种格式都可以直接用 Excel 打开，便于接下来的数据清洗和分析（见图 3-45）。

---- 54 ----

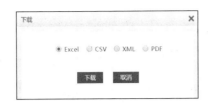

图 3-45　国家数据网选择下载格式

（二）从国家人口与健康科学数据共享服务平台下载肝炎相关数据

（1）在浏览器中输入 http://www.bmicc.cn/web/share/home/进入主页面（见图 3-46）。

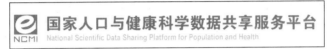

图 3-46　国家人口与健康科学数据共享服务平台主页面

（2）选择数据中心的“公共卫生”选项卡。

（3）选择最新数据 more，转到最新页面，可根据关键词“肝炎”搜索，也可直接在目录中查找。

（4）单击“肝炎”→“元数据”按钮，可以了解此数据的详细信息，肝炎分地区查询和分年龄组查询，可以根据自己的需求选择，进入页面后可选择所需数据的年份（见图 3-47）。

（5）找到所需数据后，单击“导出”按钮，即可下载 Excel 格式的文件（需注册），如图 3-48 和图 3-49 所示。

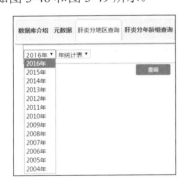

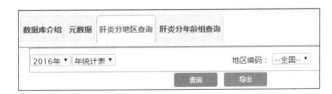

图 3-47　选择“年份”选项

图 3-48　单击“导出”按钮进行下载

地区	丙肝				乙肝		
	发病数	死亡数	发病率	死亡率	发病数	死亡数	发病率
全　国	206832	108	15.1807	0.0079	942268	405	69.1590
北京市	779	19	3.6206	0.0883	1696	85	7.8825
天津市	553	0	3.6458		1854	0	12.2230
河北省	8680	2	11.7555	0.0027	57835	13	78.3274
山西省	8060	2	22.0945	0.0055	42355	8	116.1060
内蒙古	7030	2	28.0660	0.0080	20672	15	82.5292
辽宁省	8048	3	18.3284	0.0068	19371	6	44.1152
吉林省	5343	5	19.4123	0.0182	8435	7	30.6462

图 3-49　从国家人口与健康科学数据共享服务平台下载肝炎相关数据

（6）或者直接选择复制，打开 Excel 进行粘贴，也可获取相关数据。

第三节 数据挖掘的方法——利用火车头采集器爬取相关数据

对于数据新闻记者而言，如果通过前面的数据网站仍然无法得到自己想要的数据，而自己又不会编程，无法使用 Python 自行爬取数据，那么数据采集软件可以解决这个问题。数据采集软件可通过软件的形式实现简单快捷地采集网络上分散的内容，具有很好的内容收集作用，而且不需要技术成本，被很多用户作为初级采集工具。

一、工具准备

（1）火车头采集器 8.5 版本：火车头采集器（又名"火车采集器"）是一款专业的互联网数据抓取、处理、分析、挖掘软件，可以灵活迅速地抓取网页上散乱分布的数据信息，并通过一系列的分析处理，准确挖掘出所需数据，常用于采集某些网站的文字、图片、数据等在线资源。

（2）Google 浏览器：网页较为稳定，并且网页代码较为规整，便于查找和识别。

二、数据采集原理及思路

（一）读懂网页结构

以房探网武汉站为例，选择"二手房"选项卡，可以看到武汉所有二手房数据列表，选择其中一个房源，可以看到这个房源的基本信息，包括总价、单价、朝向、年代和楼层等，对于数据抓取者来说，网页内的信息才是我们需要的数据。而利用火车头采集器，其抓取数据的思路就是首先定位到一级网址，然后通过一级网址（见图 3-50）获取二级网址信息（见图 3-51），并抓取其中数据。

图 3-50　一级网址

图 3-51 二级网址

（二）寻找网址规律

首先分析一级网址，选择"二手房"选项卡之后，可以看到武汉所有二手房列表，随着单击不同的页码，网址也随着改变，但是可以发现网址的变化是有规律的，网址前面部分没有变化，只有最后的数字有变化，并且数字与页码相对应。

第 2 页 http://wh.fangtan007.com/sale/p2/。

第 3 页 http://wh.fangtan007.com/sale/p3/。

第 4 页 http://wh.fangtan007.com/sale/p4/。

二级网址同样具有规律性，虽然不同的房源有不同的网址，但是网址的前半部分都相同，只有后面的数字有变化，如果要爬取的网站呈现类似的规律，就可以利用火车头采集器爬取相关数据。

网址：http://wh.fangtan007.com/sale/detail/919041。

网址：http://wh.fangtan007.com/sale/detail/926158。

（三）找到起始网址，并确定变量

打开火车头采集器，进入采集页面后，需要先添加一级网址（见图 3-52），再添加多级网址（见图 3-53），并将有规律的地方变成变量。

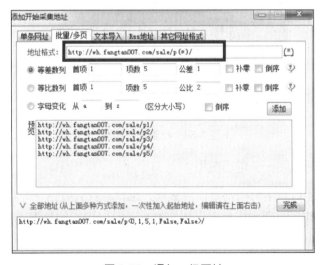

图 3-52 添加一级网址

数据新闻实务

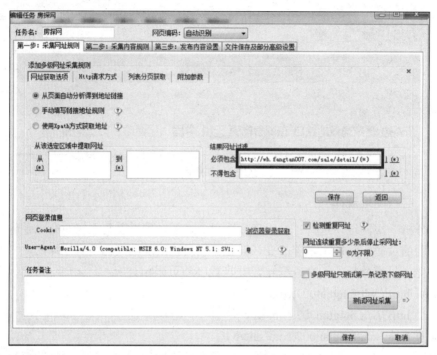

图 3-53 添加多级网址

(四) 定位信息，并寻找唯一标识

用浏览器打开网址，按 F12 键打开开发者模式，进入定位模式，找到唯一标识。在页面的空白处右击进入网页源代码，按 Ctrl+F 组合键打开搜索模式，输入之前复制的代码，检验其是否为唯一标识，并找到代码位置（见图 3-54）。

图 3-54 找到唯一标识

(五) 掌握编写规则——前后截取

火车头采集器的内容采集规则是前后截取，也就是找到数据唯一标识后，定位所需数据的前后内容，将其复制到相应位置，让其能自动爬取中间的数据（见图 3-55）。因此，找到唯一的代码标识是爬取数据的关键。

---- 58 ----

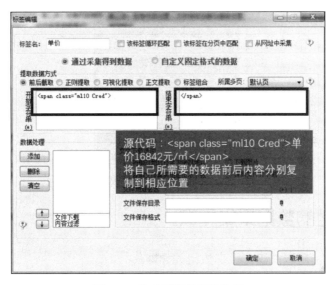

图 3-55 前后截取并提取数据

（六）发布规则，创建模板

模板路径：X:\火车头采集器 V8\System\FileTemplate。单击蓝色字体可以直达，选择默认 CSV 模板，因为这个格式可以用 Excel 打开，且最终的数据发布格式也为 CSV（见图 3-56）。用记事本打开默认 CSV 模板，打开之后有默认内容，这里需要修改，修改的内容需和采集内容规则里的所有标签一模一样，否则会出现错误（见图 3-57）。标点符号尽可能复制粘贴，避免出错。

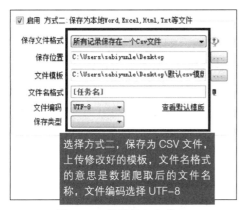

图 3-56 选择保存方式

图 3-57 修改标签

（七）开始任务及注意事项

全部设置完成后，单击"保存"按钮，如果弹出新建任务成功的窗口，则说明整个流程和编写规则没有错误，勾选任务，单击"开始"按钮，软件自动爬取数据并生成 CSV 文件（见图 3-58）。如果发现数据有问题，需要修改相关编写规则，再次爬取数据时，需要清空任务所有采集数，删除已有数据库和网站，否则软件会提示重复且无法采集数据。

数据新闻实务

图 3-58 软件自动爬取数据

三、一级网址的数据采集爬取

以房探网为例，爬取武汉二手房的相关数据。

Step1：在 Google 浏览器中输入 http://wh.fangtan007.com/打开房探网，选择"二手房"选项卡，得到网址：http://wh.fangtan007.com/sale/。通过翻页的方式，观察网址的变化规律，这里可以发现：

第 2 页网址为 http://wh.fangtan007.com/sale/p2/。

第 3 页网址为 http://wh.fangtan007.com/sale/p3/。

第 4 页网址为 http://wh.fangtan007.com/sale/p4/。

随意打开 3 个具体房源，也可以观察到，网址的规律如下：

http://wh.fangtan007.com/sale/detail/926015

http://wh.fangtan007.com/sale/detail/926009

http://wh.fangtan007.com/sale/detail/926014

发现其变化规律，符合火车头采集器采集数据的要求，即可使用软件采集数据。

Step2：打开火车头采集器，选择一个分组（测试分组），单击"新建任务"按钮，或者新建一个分组，输入分组名称（测试），单击"保存"按钮，再选择"新建任务"选项。这里取决于你想把你的任务放在哪个目录下，以后查看或者查找起来会更为方便，也可以让界面看起来更为工整和干净。

Step3：进入采集数据的第一步：采集网址规则，填写这次任务的名称（房探网），并选择"添加起始网址"命令。

Step4：由于我们需要采集不止一页的数据，所以这里选择批量/多页的方式进行采集，将"http://wh.fangtan007.com/sale/p2/"复制进去，并选中有规律变化的地方，这里是"2"，单击后面蓝色的"*"按钮，将其变成变量，也就是使火车头采集器采集符合此规律的所有网址，选择等差数列，首项 1 的含义是从第一页开始爬取，项数 5 的含义是总共爬取 5 页，公差 1 的含义是按照 1、2、3、4、5 页来爬取，如果公差是 2，则按照 1、3、5、7、9 页来爬取，单击"添加"→"完成"按钮（见图 3-59）。

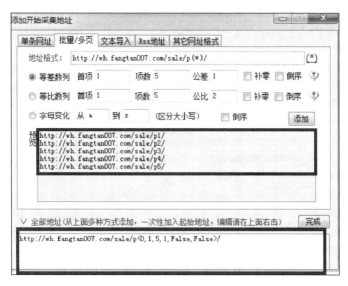

图 3-59 添加网址信息

Step5：添加网址后，需要单击"测试网址采集"按钮，确认无误后，再添加多级网址。

Step6：单击"添加多级网址"按钮，选择默认选项"网址获取选项"和"从页面自动分析得到地址链接"，将二级网址"http://wh.fangtan007.com/sale/detail/926019"复制到"必须包含"中，并选中有规律变化的地方，这里是"926019"，单击蓝色的"*"按钮，将其变成变量（见图 3-60），也就是使火车头采集器在一级网址的基础上，再采集符合此规律的所有网址。单击"保存"按钮，选择"测试网址采集"选项，确认无误后，随意双击其中一个网址进入第二步——采集内容规则（见图 3-61）。

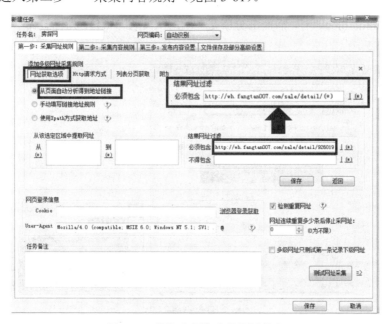

图 3-60 添加必须包含的网址信息

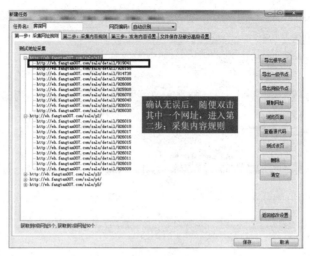

图 3-61 测试网址采集

Step7：将默认的标签名全部选中，单击"删除"按钮，再选择"添加"选项，添加自己所需爬取的数据内容。

Step8：复制网址，用浏览器打开，观察页面信息，确定要爬取什么数据，这里演示爬取标题、总价、单价和基本信息（见图 3-62）。按 F12 键打开开发者模式，进入定位模式，找到唯一标识，进行复制（见图 3-63）。在页面的空白处右击选择查看网页源代码，按 Ctrl+F 组合键打开搜索模式，输入之前复制的代码（class="fontS20"），检验其是否为唯一标识，并找到代码位置。如果确实是唯一标识，即可按照火车头采集器的前后截取的采集规则，将所需数据的前后内容复制到火车头采集器。如"<b class="fontS20" style="display:inline-block">地铁口 香榭丽舍 精装错层 3 房 满 2 年 185 万</b>"，前面部分就是"<b class="fontS20" style="display:inline-block">"，后面部分就是"</b>"（见图 3-64），为标签命名，这里以"标题"命名。

图 3-62 复制网址的操作界面

图 3-63 用定位工具找到唯一标识

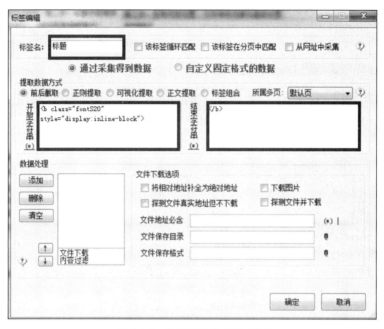

图 3-64　前后截取的操作界面

Step9：单击"确认"按钮，选择"测试"选项（见图 3-65），检查内容规则有无错误，如果无误，就继续添加所需的数据内容，打开浏览器，按 F12 键继续定位所需数据代码，右击选择查看网页源代码，按 Ctrl+F 组合键进入搜索模式，复制代码，寻找唯一标识，采用前后截取的方法，复制到火车头采集器。

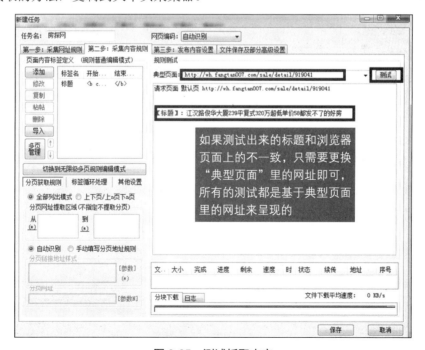

图 3-65　测试抓取内容

数据新闻实务

Step10：按照之前的步骤和方法，继续编写内容规则（见图3-66），如果在测试的结果中出现了标签代码（见图3-67），即可在标签编辑窗口的数据处理中单击"添加"按钮，选择"HTML标签"选项进行过滤。

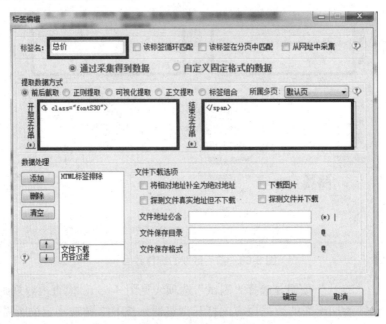

图3-66　采用前后截取的方式继续编写内容规则

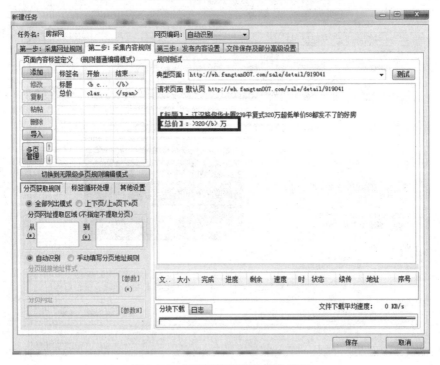

图3-67　出现标签代码的操作界面

Step11：如果需要一次性采集朝向、楼层、年代这些基本信息（见图3-68），在采集内容规则时，还是按照前后截取的原则，扩大中间部分，将前面和后面内容复制到标签编辑窗口（见图3-69）。如果在测试的结果中出现了标签代码，还是按照之前的方法去除，如果测试的结果空格太多，即可复制空格，返回标签编辑窗口，单击"添加"按钮，选择内容替换，将空格替换成任何符号，这里需要考虑后期的数据分析，尽可能替换成原数据中没有的符号，替换完成后，再进行测试检查抓取的内容是否有误（见图3-70）。

图3-68　多信息采集

图3-69　扩大前后截取的范围

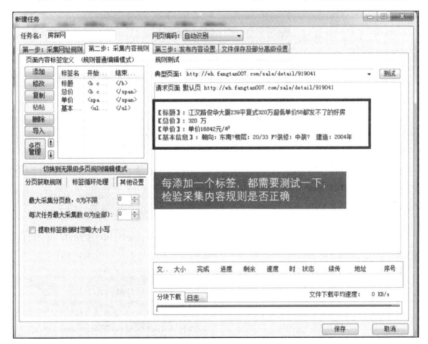

图3-70　再次测试抓取的内容是否有误

Step12：单击"发布内容设置"按钮，启用方式二（见图3-71），选择"所有记录保存在一个CSV文件"，文件编码选择UTF-8，这里需要上传新模板，首先找到模板，单击蓝色字体（查看默认模板），选择"默认CSV模板"选项，用记事本打开，打开之后有默认内容，这里需要修改，修改的内容需和第二步采集内容规则里的所有标签一模一样（见图3-72），否则会出现错误。标点符号尽可能复制粘贴，避免出错。

图 3-71 启用方式二进行发布内容

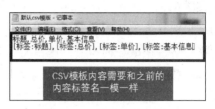
图 3-72 修改内容标签

Step13：全部设置好后，单击"保存"按钮，如果弹出新建任务成功的窗口，则说明整个流程和编写规则没有错误，勾选任务（见图 3-73），单击"开始"按钮，软件自动爬取数据并生成 CSV 文件。如果发现数据有问题，需要修改相关编写规则，再次爬取时，需要删除已有数据库和网站，否则软件会提示重复且无法采集数据。

图 3-73 勾选任务

Step14：打开自动生成的 CSV 文件，所有数据已经在里面，发现一列中包含多个数据（见图 3-74），不利于接下来的数据分析，选中这一列，选择"数据"选项，单击"分列"按钮，选择"分隔符号"单选项（见图 3-75），选中"其他"复选框，写上"？"（根据之前爬取数据时，空格替换的符号来填写），单击"下一步"按钮即可完成（见图 3-76），得到的最终数据如图 3-77 所示。

图 3-74 一列中包含多个数据

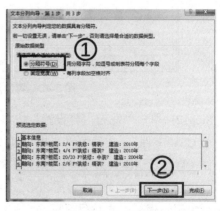
图 3-75 选择分隔符号

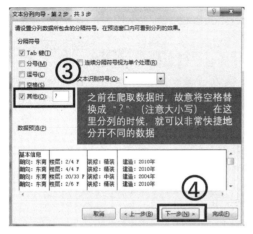

图 3-76　根据自己的数据特点，选择其他分隔符　　　图 3-77　分列后的数据

四、多级网址的数据采集

以链家网为例，爬取武汉二手房相关数据。一级网址的爬取相对来说较为简单，是所有数据爬取的基础，以分页的形式显示，没有多余分类，而每页中的信息打开后都是具体的详情页面。

多级网址的爬取就比较复杂，以武汉链家网二手房为例，武汉链家网二手房是其一级网址，在一级网址中，可以看到根据行政划分出不同的区域，如江岸、江汉、青山等，这些可以视为二级网址，选择"江岸区"选项，又会根据不同的路段，细分为百步亭、大智路、二七等，这些可以视为三级网址（见图3-78），选择"百步亭"选项，再无细分，也就说明路段的划分已经是最基础的划分了，这个页面就是终极页面——详情页面（见图3-79）。而对于数据抓取者来说，需要找到详情页面，从详情页面中编写采集内容规则，抓取相关数据。

图 3-78　二级网址和三级网址

图 3-79　详情页面

多级网址的数据采集，其关键在于如何编写规则，使火车头采集器能顺利抓取到终极页面的具体网址。

Step1：在浏览器中打开 https://wh.lianjia.com/ershoufang/（一级网址），观察网站分类情况及网址所呈现的规律。

Step2：打开火车头采集器，新建任务，填写任务名（链家网），进入第一步——采集网址规则。在起始网址栏中，单击"添加"按钮，选择"单条网址"选项，复制一级网址信息，单击"添加"→"完成"按钮（见图3-80）。这一步的目的在于，通过一级网址，抓取到所有的二级网址。

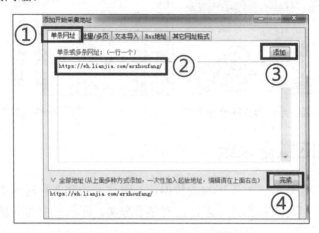

图3-80 抓取所有二级网址的操作界面

Step3：多级网址获取需要打开网页，按F12键继续定位所需数据代码，右击选择查看网页源代码，按Ctrl+F组合键进入搜索模式，复制代码，寻找唯一标识，采用前后截取的方法，复制到火车头采集器，将有规律的地方用"*"替代（见图3-81）。单击"保存"按钮，选择"测试网址采集"选项，可以看到获取了14个二级网址，单击"导出同级节点"按钮，将二级网址全部导出到text文档，并重新命名。

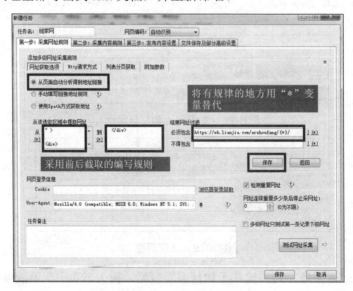

图3-81 抓取二级网址的操作步骤

Step4：选择"返回修改设置"选项，修改起始网址，通过文本导入的方式，添加刚才导出的二级网址，单击"完成"按钮（见图 3-82），这一步的目的在于通过二级网址，抓取到所有的三级网址。

图 3-82　抓取三级网址

Step5：修改多级网址，打开网页，按 F12 键继续定位所需数据代码，右击选择"查看网页源代码"选项，按 Ctrl+F 组合键进入搜索模式，复制代码，寻找唯一标识，采用前后截取的方法，复制到火车头采集器，将有规律的地方用"*"替代（见图 3-83）。单击"保存"按钮，选择"测试网址采集"选项，可以看到获取了 99 个三级网址，单击"导出同级节点"按钮，将三级网址全部导出到 text 文档，并重新命名。

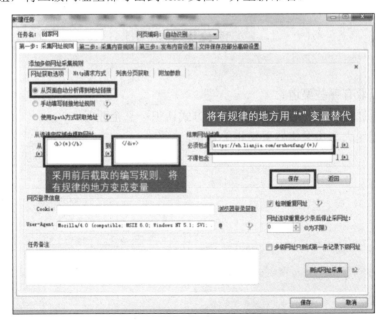

图 3-83　抓取三级网址的操作步骤

Step6：选择"返回修改设置"选项，修改起始网址，通过文本导入的方式，添加刚才导出的三级网址，单击"完成"按钮，然后将这个三级网址当作"一级网址"，按照之前一级网址数据爬取的教程，抓取所需数据。修改多级网址，找到网址规律，用"*"替代（见图3-84），测试网址采集，抓取了2241个网址，双击任意网址，进入第二步——采集内容规则。接下来根据之前的所学知识，编写内容规则，修改模板进行数据抓取。

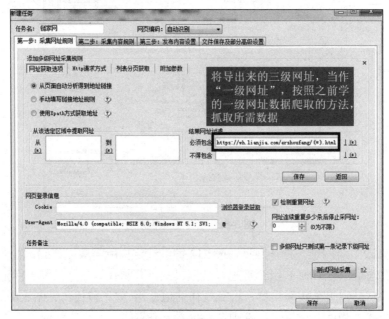

图3-84　找到多级网址规律

复习思考题

1. 数据获取有哪些渠道？
2. 你能否通过本章介绍的查找数据的方式认识一家企业？
3. 尝试运用火车头采集器采集相关数据。

第四章
数据清洗与分析

当"数据新闻"概念兴起后,很多人认为,这意味着媒体人将在新闻报道领域越来越式微,因为未来的新闻可以由数据科学家甚至机器程序来操作,那么媒体人该充当怎样的角色呢?在数据新闻制作中,媒体人依然有着不可替代的作用,因为他们要从新闻的视角对收集的数据进行解读,找到报道的最佳选题角度。在这里,数据服务于新闻,而不是新闻服务于数据。

然而,如果说获取数据尚与传统新闻采编业务相差不大的话,那么"数据分析"对于许多新闻人而言,则是一个几乎完全陌生的领域。长期以来,新闻被视为与"文字"打交道的行业,但随着大数据时代的到来,新闻开始与"数据"打交道,学会基本的数据分析方法,将和掌握采访、写作技能一样,成为未来新闻人必备的基础技能之一。

第一节 数据新闻的5个"W"

"互联网之父"蒂姆·伯纳斯·李曾经说过:"新闻的未来,是分析数据。"数据分析,就是用相应分析方法对数据进行分析,多角度思考数据的内在联系,挖掘数据的隐藏价值,从而得出结论的一个过程。

当我们收集数据时,应该首先明确一个基本问题,即报道目的是什么。我们分析这些数据是为了让人们了解某种变化趋势,还是让人们知道别人在想什么。

数据会"说话",因为在数据新闻中,数据就是新闻资料,它们也有类似新闻事件的五个"W"。不会解读数据的人无法让数据"开口",只有具有新闻敏感度的人,才能从数据中解读出具有新闻价值的内容。

前《卫报》数据博客编辑、现 Twitter 数据新闻编辑西蒙·罗杰斯认为数据记者应该了解数据新闻的五个"W"要素。

一、Who——数据是谁提供的

很长时间以来，许多记者常常对数据资料抱着不假思索的信任态度，似乎数据就是可信的证据，然而实际上数据像其他一切信息源一样，也可能出现错误。为了使读者相信数据，记者应当将数据源头告知读者，让数据透明。在国外数据新闻中，详细交代数据来源，或是给出具体的链接，已经成为一个约定俗成的做法，但是国内很多数据新闻的来源交代模糊，容易让读者质疑数据的权威性和可信度。

许多国家政府提供开放数据，但开放透明并不意味着数据一定准确。数据记者在报道时应该注意对数据进行核实，可以试着披露更多的数据，将不同的数据混合起来查看，以检验一组数据是否准确。

二、What——你想用数据告诉人们什么

做数据新闻不是从事科学研究，两者的操作思路是相反的。前者需要将结论以简洁清晰的方式呈现，而后者则需要层层深入，按部就班地得出结论。好的数据新闻能够简单、清楚、快速地告诉人们要点在哪里，人们应该关注什么，而不是让人们迷惑于你想说什么。

因为数据新闻的对象是普通大众，必须将原始数据、专业数据以大众可以理解的方式进行报道，所以在数据新闻中，除了收集和分析数据，数据可视化也十分重要。因为通过数据可视化的方式，能够让读者更清楚地理解发生了什么。

三、When——数据是何时采集的

在政府的数据库中，即使是最新的数据，也有一定的时限。一些数据，记者正在尝试着采用第三章我们提及的网页采集和众包等方式，收集最新的数据。但是，这并不意味着只有新的数据才有价值。将不同时间段的数据加以对比，可以看到某个事件的变化趋势，对于一段时期历史数据的梳理可以使报道的视野更为宽阔。

四、Where——事件发生于何地

数据的类别有很多种，地理位置也是一种常见的数据。统计事件发生的地理位置，可以成为组织数据新闻报道的维度。首先，它可以告诉我们事件发生在哪个国家、哪个省份，具体哪个地区。其次，将地理位置数据加以统计，可以比较不同地区的情况。

其中，地图是最直观、最生动的空间信息的可视化载体，数据地图是一种特殊的数据可视化方式，在展现数据基于地理或空间的分布时具有强大优势，能够让用户从空间数据的不同视角、不同时空分辨率、不同空间维等多种图形表达方式进行互相补充、互相联系、

互相比较，从而获取新的知识。以财新传媒数据可视化实验室的《青岛中石化管道爆炸》作品为例，它的核心是将爆炸现场拍摄的照片按拍摄位置还原到谷歌地图上，让用户在互动过程中身临其境。在该数据新闻中，我们先依次用几个画面，将谷歌地图逐步缩小，让用户逐步了解山东、青岛及发生爆炸的黄岛区的具体位置，配合文字描述，将事件时间、地点、起因等背景做完整交代，随着用户不断放大地图，会看到红色小标记标示该事件的众多小现场，单击其中每一个红色小标记，用户即可浏览记者在所标记地点上拍摄的新闻图片。

五、Why——这组数据有何意义

这是数据新闻中最难以回答的一个问题。数据的意义可以分为描述性和解释性两个层面。前者告诉人们发生了什么；后者通过数据之间的相互关系，说明事件的原因和结果。

如果用数据描述新闻事件，数据新闻记者可以思考以下问题：数据的数值有多大？数据出现上升和下降变化了吗？和其他地方的其他数据相比较有什么不同？

通过使用复杂的数据分析方法，数据新闻可以揭示事件之间的因果关系，在更广泛的背景下发现新闻故事。对于这类报道，媒体一般会与专家合作，它在数据新闻总量中占比比较小。

五个"W"是所有数据记者编辑在制作数据新闻时，首先需要对数据所做的分析和解读，但具体到不同类型的新闻选题，其解读数据的角度也略有差别。

第二节 基本数据的清洗

对数据进行新闻价值的分析之后，只需要分类呈现数据的报道就可以进行可视化操作了，但还有许多报道需要进一步进行数据分析。数据分析是指"用适当的统计分析方法对收集来的大量数据进行分析，将它们加以汇总和理解并消化，以求最大化地开发数据的功能，发挥数据的作用"。数据分析的目的是把隐藏在一大批看似杂乱无章的数据背后的信息集中和提炼出来，总结出所研究对象的内在规律。

在做数据分析之前，首先需要对收集到的数据进行预处理，形成适合数据分析的样式。我们将之视为数据分析的前期准备，这个准备的过程要完成两项主要工作：一是导入获取的数据；二是进行数据清洗。

一、导入获取的数据

在解决如何导入数据的问题之前，有必要了解哪些文件格式属于机器可读的数据文件，哪些属于机器不可读的数据文件，对于后者，需要做怎样的处理使之变成机器可读的数据文件。

机器可读的数据文件，即为了便于计算机进行读取和处理而生成的数据文件，而不是为了向人类用户展示。这些数据的结构与其内容相关，但与数据的最终展示形式不同。常见的机器可读数据文件格式包括 CSV、XML、JSON 和 xls 文档等。

与机器可读的数据相比，机器不可读的数据文件格式侧重视觉呈现，具有向用户展示数据的功能，但不便于计算机读取和处理分析。常见的侧重视觉呈现的数据文件格式包括 Word 文档、HTML 网页和 PDF 文档。

在机器不可读的文件中，PDF 文件是最令人头疼的，是数据新闻记者进行数据分析时的一大难题。因为 PDF 文件注重内容的形式与排版，但数据新闻记者想的却是跳过这些形式直接拿到数据。另外，PDF 文件里的内容常常不支持复制粘贴，或者是粘贴之后也会失去原有的格式，变得混乱。而现实是，很多机构发布的资料、文件都是以 PDF 格式呈现的。因此，转化 PDF 文件成了数据记者的必备技能。

Solid Converter PDF是一款简单易用的PDF转换工具，不但能够帮助用户将PDF文档转换为Word、PPT、Excel、图片等格式，还为用户提供了提取CSV数据、导出PDF图像等多种功能，加上简洁的界面与极其简单的操作方式，为用户提供了一种完善的PDF转换方案。

Step1：打开 Solid Converter PDF。进入图 4-1 所示的软件主界面，其提供了转换 PDF 文件、创建 PDF、合并 PDF 等功能。

图 4-1 软件主界面

Step2：这里我们以转换 PDF 文件为例，单击"打开 PDF"按钮或者"转换 PDF 文件"按钮。

Step3：打开要转换的 PDF 文件，并进入操作界面。

Step4：选择"PDF 至 Word"右侧的下拉菜单，选择要转换的格式，其支持转换为 Word、PPT、Excel、HTML 等格式（根据自己的需要选择）。

Step5：用户可以根据自己的需要选中"页面范围提示""选择提示"等复选框（见图 4-2）。

图 4-2 软件操作界面

Step6：单击"转换"功能按钮，进入另存为窗口，设置文件名，然后选择保存类型，最后单击"保存"按钮，等待转换完成即可。

二、基本的数据清洗

数据清洗也称数据清理,指运用半自动的方式修复数据集错误的过程,这种修复具体包括移除空的数据行和重复的数据行、过滤数据行、聚集或转换数据值、分开多值单元等。

除了一些特殊的问卷调查可以通过提前设定的方法来获取需要的数据,大部分情况下,我们无法控制从外部数据源(如数据库、文本文件或网页)导入的数据的格式和类型。所以在对数据进行分析之前,通常需要先清洗数据。

下面以"第四章源数据之安居客二手房数据.xlsx"为例,进行基本数据清洗。

(一)排序和自定义排序

(1)单个数据排序,相对来说较为简单,可以直接用Excel开始工具栏中的排序和筛选功能,进行简单升序、降序的排列(见图4-3)。

图4-3 排序的操作界面

(2)多个数据排序,使用自定义排序,相对于单个数据排序多了一些数据条件关键字的添加(见图4-4)。要找到房源较新又较为便宜的房子,在自定义排序中添加主要关键字"房屋单价",排列在先的就是房屋的单价,之后才是房屋年代,以"房屋年代"为关键字同理。在此处选择"房屋年代"为主要关键字,数据呈现更为直观,同年代房价一目了然。同时,可在房屋单价处添加一个数据条使数据更直观(见图4-5)。

图4-4 进行有条件的排序

图4-5 添加数据条

（3）自定义内容的筛选排序，只看"虹桥小区""碧云公寓""虹桥绿苑""领尚国际酒店公寓"，在编辑自定义列表中进行添加，之后回到自定义排序中改变关键字就可以看到这些小区。

Step1：打开"第四章源数据之安居客二手房数据.xlsx"，选择需要优先排序的小区名称进行复制。

Step2：选择"文件"→"高级"→"编辑自定义列表"选项（见图 4-6），将复制的小区名称添加至自定义列表（见图 4-7）。

图 4-6　自定义编辑列表　　　　　　图 4-7　导入自定义排序的内容

Step3：选择需要排序的区域（见图 4-8），选择"排序和筛选"→"自定义排序"选项（见图 4-9），添加合适的关键字（见图 4-10），选中自定义序列中自己添加的小区名称，确定后完成排序。

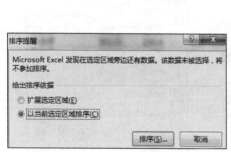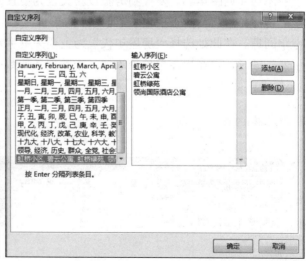

图 4-8　选定排序范围　　　　　　图 4-9　选择自定义排序序列

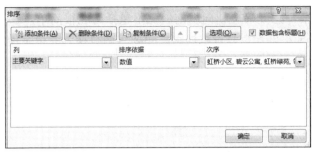

图 4-10　选择排序依据

（二）定位、查找和替换

（1）定位，为空值区域赋予一定数值。

Step1：打开“第四章源数据之安居客二手房数据.xlsx”，在“查找和选择”菜单中选择“定位条件”命令，选择“空值”单选项，单击“确定”按钮（见图 4-11）。定位空值后的操作界面如图 4-12 所示。

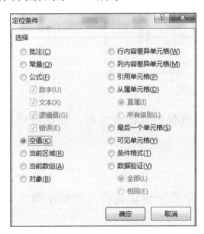

图 4-11　定位条件

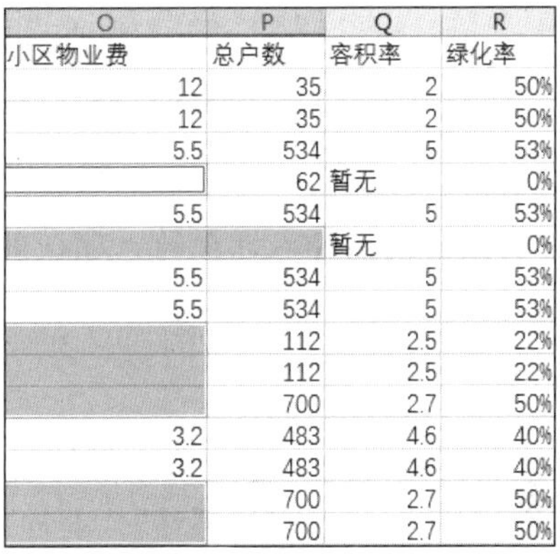

O	P	Q	R
小区物业费	总户数	容积率	绿化率
12	35	2	50%
12	35	2	50%
5.5	534	5	53%
	62	暂无	0%
5.5	534	5	53%
		暂无	0%
5.5	534	5	53%
5.5	534	5	53%
	112	2.5	22%
	112	2.5	22%
	700	2.7	50%
3.2	483	4.6	40%
3.2	483	4.6	40%
	700	2.7	50%
	700	2.7	50%

图 4-12　定位空值后的操作界面

Step2：直接在首行输入数据，按 Ctrl+Enter 组合键选中所有的空值并被赋值成未知（见图 4-13）。

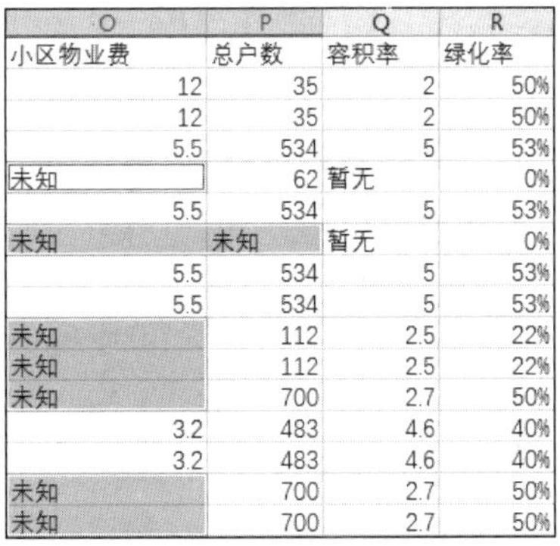

O	P	Q	R
小区物业费	总户数	容积率	绿化率
12	35	2	50%
12	35	2	50%
5.5	534	5	53%
未知	62	暂无	0%
5.5	534	5	53%
未知	未知	暂无	0%
5.5	534	5	53%
5.5	534	5	53%
未知	112	2.5	22%
未知	112	2.5	22%
未知	700	2.7	50%
3.2	483	4.6	40%
3.2	483	4.6	40%
未知	700	2.7	50%
未知	700	2.7	50%

图 4-13　空值被赋值成未知

（2）查找和替换，想要筛选朝向中南但又不包括南北很简单，在查找和替换中输入查找内容后选中"单元格匹配"复选框即可。想要将南替换为北也是使用这个功能，在改变内容的同时还可以改变单元格颜色。

通配符："*"可查找到查找内容前后有任意多个字符的内容（见图4-14）；"？"可查找到查找内容前后有任意单个字符的内容。

图 4-14 "*"通配符

前后都有则在前后加入通配符，加在前就代表查找内容前有字符，加在后就代表查找内容后有字符。

（三）筛选

（1）筛选区域内的房屋，确定经纬度范围用筛选中自定义筛选的数字筛选。经纬度查找可使用百度地图拾取坐标系统。

Step1：打开"第四章源数据之安居客二手房数据.xlsx"，选择需要筛选的经度数据，在"排序和筛选"菜单中选择"筛选"命令，单击"数字筛选"右侧三角标，选择"介于"选项（见图4-15）。

图 4-15 筛选经纬度

Step2：自定义筛选方式中输入经纬度的范围（见图 4-16）。

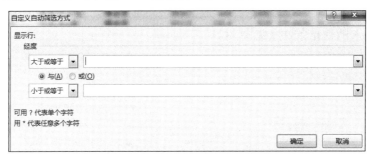

图 4-16　自定义筛选经纬度范围

（2）筛选带有合并单元格的数据，如要对单价进行升序或降序排列，但合并单元格内的数据必须相同，就需要拆分合并单元格并填补空值。

Step1：打开"第四章源数据之安居客二手房数据.xlsx"，选择"小区"选项，在下拉列表中选择"取消单元格合并"选项，拆分单元格（见图 4-17）。

图 4-17　取消合并单元格

Step2：参考前述操作，选择"定位空值"选项（见图 4-18）。

Step3：空值与上方数据相同，首行输入"=上一行数据"，按 Ctrl+Enter 组合键完成输入（见图 4-19）。

图 4-18　定位空值　　　　　图 4-19　对空值进行赋值

（3）高级筛选，筛选出房源名称里带有某内容，并且单价大于或小于一定数额的所有房源。

自定义筛选目标小区所带内容（注意通配符的使用）和参考总价范围，使用高级筛选中的列表区域和条件区域即可得到筛选结果。

Step1：打开"第四章源数据之安居客二手房数据.xlsx"，在文件空白处输入要筛选的数据和条件（见图 4-20）。

Step2：选择“数据”→“筛选”→“高级筛选”选项，列表区域为表中所有数据，条件区域为刚刚输入的数据条件（见图 4-21）。

小区	房屋单价
*小区	>90000

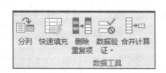

图 4-20　输入筛选条件

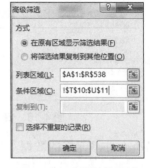

图 4-21　选定条件区域

Step3：单击“确定”按钮，完成筛选。

第三节　简单的数据分析工具使用

现有的数据分析工具种类繁多，这里以 Excel 为例进行介绍。Excel 不仅可以用于对数据进行过滤清理，也可以用于对数据进行分析，Excel 能够满足很大一部分数据新闻的分析需求。Excel 拥有强大的附加扩展工具库（见图 4-22），因而在简便性与功能性两个方面实现了平衡。

图 4-22　Excel 数据工具界面

一、分列

为文档分列，选中要分列的数据，用分列工具进行简单分列。

Step1：打开“第四章源数据之数据工具.xlsx”，选中数据，单击“分列”按钮（见图 4-23）。

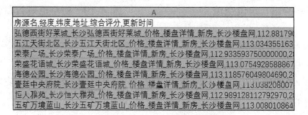

图 4-23　选中需要分列的数据

Step2：选中所有分隔符号复选框（见图 4-24），完成分列（见图 4-25）。

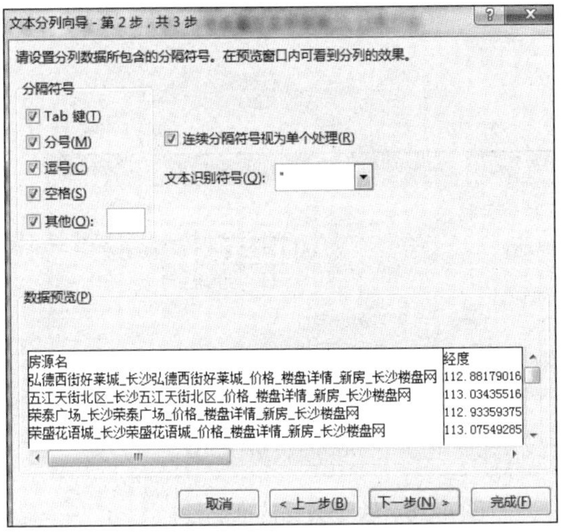

图 4-24　选中所有分隔符号复选框

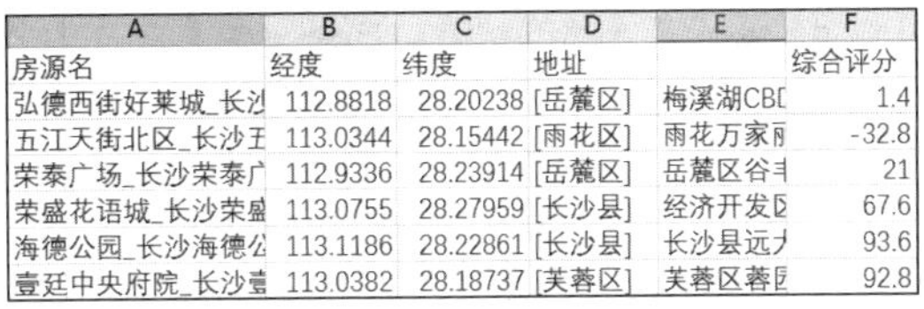

A	B	C	D	E	F
房源名	经度	纬度	地址		综合评分
弘德西街好莱城_长沙	112.8818	28.20238	[岳麓区]	梅溪湖CBD	1.4
五江天街北区_长沙五	113.0344	28.15442	[雨花区]	雨花万家丽	-32.8
荣泰广场_长沙荣泰广	112.9336	28.23914	[岳麓区]	岳麓区谷山	21
荣盛花语城_长沙荣盛	113.0755	28.27959	[长沙县]	经济开发区	67.6
海德公园_长沙海德公	113.1186	28.22861	[长沙县]	长沙县远大	93.6
壹廷中央府院_长沙壹	113.0382	28.18737	[芙蓉区]	芙蓉区蓉园	92.8

图 4-25　分列后的数据

二、快速填充

打开“第四章源数据之数据工具.xlsx”，内容是在豆瓣网上爬取的相关电影数据，主要参数包括主要演员、类型、语言和编剧等，语言分类中排序第一的为主要语言，可以使用快速填充和函数进行分析。使用快速填充可以先选取几种较为主要的语言，让计算机方便识别之后直接使用快速填充即可，之后通过查找功能进行查验。

上映日期用快速填充显示不完全，主要是因为格式设置的问题，先进行单元格格式的设置再快速填充即可。片长部分将表格内有特性的部分进行复制后再填充即可。

Step1：打开“第四章源数据之数据工具.xlsx”，选取几种语言格式粘贴至“主要语言”列（见图 4-26）。

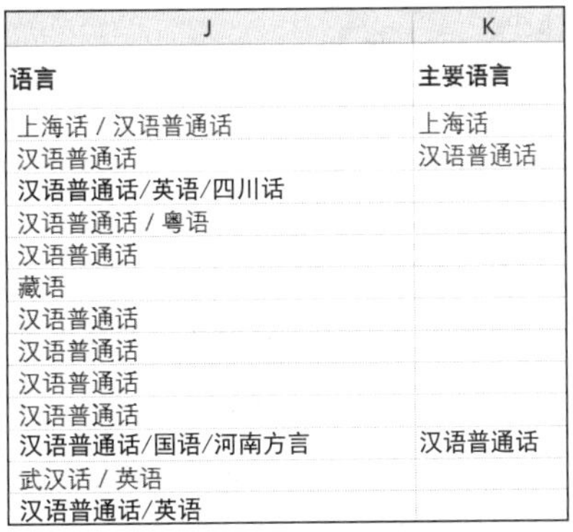

J	K
语言	主要语言
上海话 / 汉语普通话	上海话
汉语普通话	汉语普通话
汉语普通话/英语/四川话	
汉语普通话 / 粤语	
汉语普通话	
藏语	
汉语普通话	
汉语普通话	
汉语普通话	
汉语普通话	
汉语普通话/国语/河南方言	汉语普通话
武汉话 / 英语	
汉语普通话/英语	

图 4-26　选择语言格式

Step2：选择“数据”菜单中的“快速填充”选项，完成数据填充（见图 4-27）。

Step3：选择"查找"选项，查找"/"分隔符号，验证数据的准确性（见图4-28）。

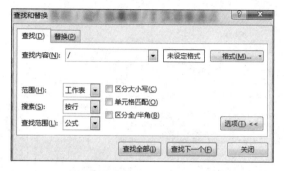

图4-27　数据填充　　　　　　　　　图4-28　验证数据的准确性

Step4：上映日期与片长列需要更改单元格格式（见图4-29），否则无法显示，右击，选择"设置单元格格式"选项，自定义数字格式（见图4-30）。

图4-29　设置单元格格式　　　　　　图4-30　自定义数字格式

三、删除重复项

以天猫"双十一"的美妆品牌数据为例，想要知道自己爬取了多少个品牌，可以选中数据后直接使用删除重复项功能。删除重复项后对之后数据的处理和统计有很大帮助，能使之后的数据处理更加准确。

Step1:打开"第四章源数据之数据工具.xlsx",选择"删除重复项"选项,选中需要删除的类目,单击"确定"按钮,即可得到店铺的数量(见图4-31)。

Step2:删除所有数据中的重复部分,选择全部关键词,即可筛选出不重复的数据(见图4-32)。

图4-31　选择删除重复项　　　　　图4-32　删除重复项后的数据

四、数据验证

以各城市的AQI(air quality index,空气质量指数)为例,对空气质量进行评价,有了具体的数据和一定区域数值相对应的评价,可以使用函数"VLOOKUP"对数据进行评价,用数据验证的方式进行手动加标签,对于数据不多时逐个添加标签。

Step1:打开"第四章源数据之数据工具.xlsx",输入函数(见图4-33),按Enter键,完成输入(输入函数时所有的符号都要为英文符号)。

B	C	D
AQI指数	评价	手动加标签
234	=VLOOKUP(B2,表1,2,TRUE)	

图4-33　输入VLOOKUP函数

Step2:输入完成数据右下角鼠标变为黑色十字,双击"完成"按钮,所有数据即可自动录入(见图4-34)。

B	C	D
AQI指数	评价	手动加标签
234	不健康	
229	不健康	
196	对敏感人群不健康	
189	对敏感人群不健康	
185	对敏感人群不健康	

图4-34　运用函数进行数据验证的结果

Step3:选中要添加标签的空格,选择"数据验证"选项,在来源中输入标签内容(见图4-35),单击"确定"按钮后可在空格处单击小三角按钮,添加标签(见图4-36)。

数据新闻实务

图 4-35　添加数据验证的操作界面　　　　图 4-36　添加数据验证的选项

五、合并计算

仍然以天猫"双十一"的美妆品牌数据为例，文档中包含 3 个表，展示了"双十一"之前、之中和之后有无下架的情况，从而知道"双十一"有哪些天猫美妆品牌存在虚假宣传，也就是在"双十一"活动之前就下架了。这里我们可以用合并计算来实现。首先用函数"IF"为有无下架进行赋值，无为"1"，有为"0"，将"双十一"之前有无下架赋值，再用相同方法、不同数值将"双十一"之中、之后有无下架进行赋值。然后用合并计算的方法判断，根据得出的数值就可以知道在"双十一"期间商品的上下架情况，最后用数据透视表的方法得出各种情况各有多少个商品。

Step1：打开"第四章源数据之合并计算.xlsx"，输入"IF"函数，之前、之中、之后输入的方法相同，但是赋值不同。之前：无为"1"，有为"0"；之中：无为"10"，有为"0"；之后：无为"100"，有为"0"（见图4-37）。

Step2：新建工作表，选择"合并计算"选项（见图4-38），选中之前、之中、之后内的数据，选中"首行"和"最左列"复选框，单击"确定"按钮，得出数据，删除有无下架和空值的数据（见图4-39）。

图 4-37　用 IF 函数对数据进行赋值　　　图 4-38　新建表格进行合并计算　　　图 4-39　合并计算的结果

Step3：右击，选择"设置单元格格式"→"自定义"→"000"选项，统一数字显示的格式为三位数（见图4-40）。

图4-40　统一数据格式

Step4：单击"插入"按钮，创建数据透视表（见图4-41），统计出最终商品数量（见图4-42）。

图4-41　创建数据透视表

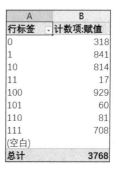

图4-42　数据统计

第四节　运用函数进行数据分析

在数据分析中，除了运用现有的数据工具，也可以采用函数来实现，这里主要介绍文本函数和统计函数。

一、Excel 文本函数

（一）合并

CONCATENATE：将多个文本字符串合并成一个，相似函数"&"。

书写格式：CONCATENATE（文本1，文本2）。

打开"第四章源数据之文本函数.xlsx"，这里是关于电影的上映日期，可以看到有的电影上映日期不止一个，我们用 CONCATENATE 函数将其合并。

Step1：为区分两次上映日期，先在单元格后写一个"和"字。

Step2：在目标单元格中输入"=CONCATENATE"，并按照格式插入所需合并的两个单元格（中间用逗号隔开），接着在两个文本之间单击"和"字所在的单元格，并加上"$"符号进行绝对引用，完成后按回车键（见图4-43）。

Step3：选择目标单元格，并把鼠标放在单元格右下角，当鼠标变为"+"时双击鼠标向下填充（见图4-44）。

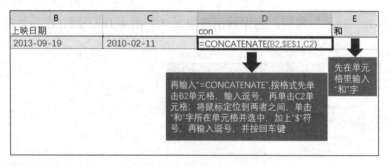

图 4-43　多文本合并

B	C	D	E
上映日期		con	和
2013-09-19	2010-02-11	2013-09-19和2010-02-11	
2010-12-22		2010-12-22和	
2010-03-19		2010-03-19和	
2010-09-29	2010-09-05	2010-09-29和2010-09-05	
2010-10-15		2010-10-15和	

图 4-44　文本合并的结果

和这个函数非常类似的还有"&"符号。除了使用函数，我们也可以用"&"进行合并（见图4-45）。

B	C	D	E
上映日期		con	和
2013-09-19	2010-02-11	=B2&E1&C2	

图 4-45　运用"&"符号进行文本合并

（二）提取字符

LEN：计算文本长度（很少单独使用，一般用于嵌套式函数）。

MID、LEFT、RIGHT：从各个位置提取文本。

书写格式：LEN（文本）。

MID（需要提取的单元格或文本，从哪个字符开始，提取多长）。

RIGHT（需要提取的单元格或文本，提取多长）（见图4-46）。

LEFT（需要提取的单元格或文本，提取多长）（见图4-47）。

图 4-46　RIGHT 函数

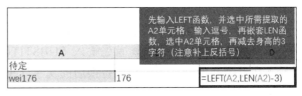

图 4-47　LEFT 函数

注意：英文一个字母为一个字符，而中文一个字为两个字符。

打开"第四章源数据之文本函数.xlsx"，内容为相亲网站中爬取的昵称，但是拿到的数据是"昵称+身高"在一个单元格，所以我们需要把两者分开。

Step1：提取身高。观察发现表中人的身高都是三位数，所以我们可以从右边开始提取，并提取三位数字。首先输入"RIGHT"函数，并依照格式先选中所需提取的单元格，输入逗号，再输入数字3，按回车键。

Step2：提取昵称。昵称从左边开始提取，且没有任何规律，但从上一步可得知身高有规律可循，因此只要把身高剔除，剩下的就是昵称，这时需要用到嵌套式函数。首先用到LEFT函数，并嵌套LEN文本函数，将整个单元格的文本长度减去身高的文本长度，即为昵称的长度。

（三）替换查找

SUBSTITUTE：将部分字符替换成新的字符。

REPLACE：将部分字符用另一份字符替换。

FIND：返回一个字符串在另一个字符串的起始位置。

书写格式：FIND（需要查找的文本，原来的文本，[可选搜索起始位置]）（见图4-48）。

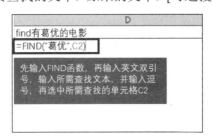

图 4-48　FIND 函数

SUBSTITUTE（原来的文字，老的文字，需要替换的新文字，[替换第几个]）。

REPLACE（原来的文字，开始于第几个字，需要几个字，替换的新的文字）。

打开"第四章源数据之文本函数.xlsx",内容是在豆瓣网上爬取的相关电影数据,主要参数包括主要演员、类型、语言和编剧等,以葛优主演电影为例。可用 FIND 函数找到葛优所在演员表中的位置,判断其是否为主演,并进一步分析其票房成绩。

Step1:输入"FIND"函数,输入要查找的文本(注意符号应为英文状态),选中文本所在单元格,按回车键即可。

Step2:运用筛选工具筛选出葛优参演的电影。数值越小,说明其为主要演员,反之则为客串(见图 4-49)。

若要把主演人名进行替换,则需用到 REPLACE 或 SUBSTITUTE 函数。

打开需要替换的工作表,首先输入 SUBSTITUTE 函数,选中所需替换的单元格,然后输入所需替换的文字,再输入替换后的文字(见图 4-50)。

图 4-49 筛选数据

图 4-50 SUBSTITUTE 函数

二、Excel 统计函数

(一)统计函数之一

COUNT:计算包含数字的单元格个数。
COUNTA:计算非空值个数。
COUTBLANK:计算空值个数。
书写格式:COUNT(区域)。
　　　　　COUNTA(区域)。
　　　　　COUNTBLANK(区域)。

打开"第四章源数据之统计函数.xlsx",分别计算数值个数、非空值个数、空值个数。

Step1:计算空值个数,首先输入 COUNT 函数(见图 4-51),选择所需计算的单元格,按回车键(COUNT 函数不识别文本,只识别数值)。

图 4-51 COUNT 函数

Step2：计算非空值个数，输入 COUNTA 函数，选择所需计算的所有单元格，按回车键。

Step3：计算空值个数，输入 COUNTBLANK 函数，选择所需计算的所有单元格，按回车键。

（二）统计函数之二

COUNTIF：计算区域中满足给定条件的单元格数目。

COUNTIFS：计算区域中满足给定多个条件的单元格数目。

书写格式：COUNTIF（在哪个范围计数，满足的条件）。

COUNTIFS（范围1，条件1，范围2，条件2，……）。

（1）打开"第四章源数据之统计函数.xlsx"，查找单元格中包含"15"的个数。

方法 1（见图 4-52）：输入 COUNTIF 函数，选中所需计算的所有单元格，输入条件15，按回车键（此时可识别文本信息）。

方法 2（见图 4-53）：输入 COUNTIF 函数，选中所需计算的所有单元格，输入条件>14，按回车键。

图 4-52 COUNTIF 函数（方法 1）　　图 4-53 COUNTIF 函数（方法 2）

注意：当条件等于某一具体数值时，可识别文本信息，当使用">""<"某一具体数值时，无法识别文本信息。

为了方便修改，还可使用另一种方式。

方法 3（见图 4-54）：输入 COUNTIF 函数，选中所需计算的所有单元格，输入条件">"，输入"&"符号，再选择表示条件的具体数值所在单元格，按回车键。

图 4-54 COUNTIF 函数（方法 3）

（2）打开"第四章源数据之统计函数.xlsx"，计算男性大于 60 000 的数目，方法同上。而若要计算男、女性都大于 60 000 的数目，则需用到 COUNTIFS 函数。

方法 1（见图 4-55）：先输入 COUNTIFS 函数，选中表示男性的所有单元格，输入条件 1 ">60 000"，选中表示女性的所有单元格，输入条件 2 ">60 000"，按回车键。

方法 2（见图 4-56）：先在任意位置输入条件具体数值，再输入 COUNTIFS 函数，选中表示男性的所有单元格，输入 ">"，输入 "&" 符号，再选中条件具体数值所在单元格，然后选中表示女性的所有单元格，输入 ">"，输入 "&" 符号，再选中条件具体数值所在单元格，按回车键。

图 4-55 COUNTIFS 函数（方法 1）　　图 4-56 COUNTIFS 函数（方法 2）

（3）打开"第四章源数据之统计函数.xlsx"，按照条件完成操作。

步骤：先输入 COUNTIFS 函数，选中表示性别的所有单元格，选中条件 1 "男"所在单元格，再选中表示身高的所有单元格，选中条件 2 ">175"所在单元格，按回车键，并向下填充得到男性身高大于 175 cm 的所有数据（见图 4-57）。

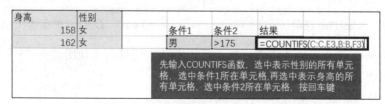

图 4-57 计算男性身高大于 175 cm 的函数

（三）统计函数之二

MAX：最大值。

MIN：最小值。

书写格式：MAX（区域）。

MIN（区域）。

打开"第四章源数据之统计函数.xlsx"，如果要得到最大值，需要先输入 MAX 函数（见图 4-58），再选中所要计算的单元格，按回车键即可。要得到最小值，步骤同上（MAX 和 MIN 函数无法识别文本信息）。

图 4-58　MAX 函数

（四）统计函数之四

AVERAGE：计算平均值。

AVERAGEIF：计算满足某一条件的平均值。

AVERAGEIFS：计算满足多组条件的平均值。

书写格式：AVERAGE（区域）。

AVERAGEIF（条件区域，条件，计算平均值的区域）。

AVERAGEIFS（计算平均值的区域，条件区域1，条件1，……）。

（1）打开"第四章源数据之统计函数.xlsx"，如果需要统计平均身高，步骤与求最大值相同（AVERAGE 函数同样无法识别文本信息）。

（2）打开"第四章源数据之统计函数.xlsx"，如果需要计算学历为博士的平均身高，则可通过 AVERAGEIF 函数实现，即选择在所有学历中为博士的人，再求其平均身高。首先输入 AVERAGEIF 函数，选择代表学历的所有单元格，选中条件"博士"，并选中代表身高的所有单元格，按回车键（见图 4-59）。

图 4-59　AVERAGEIF 函数

（3）打开"第四章源数据之统计函数.xlsx"，如果需要基于性别"男"和学历求平均身高，则可通过 AVERAGEIFS 函数实现。

Step1：输入 AVERAGEIFS 函数，根据函数书写格式，先选中所需计算平均值的区域，再选中所需计算平均值的"身高"单元格，然后选择代表学历的所有单元格，选中条件 1 "博士"，再选中代表性别的所有单元格，选中条件 2 "男"，按回车键（见图 4-60）。

图 4-60　AVERAGEIFS 函数

Step2：要计算其他学历男性平均身高，则需要添加绝对引用符号"$"，使其无论怎么变化，都会在同一范围内进行查找，完成后向下填充即可（见图 4-61）。

图 4-61　添加绝对引用符号"$"的 AVERAGEIFS 函数

---- 复习思考题 ----

1. 你如何理解数据新闻的 5 个"W"？
2. 尝试将 PDF 文档转成 Word 文档。
3. 运用 Excel 进行数据清洗。
4. 尝试运用 Excel 函数进行数据分析。

第五章
数据可视化

虽然数据可视化不是呈现数据新闻的唯一方式,但它是制作和传播数据新闻的一种有效途径,本章将带领大家认识数据可视化,首先了解数据可视化的定义及其由来,然后掌握数据可视化的构成要素,最后熟悉数据可视化的标准。

第一节 数据可视化简介

可视化(visualization)是计算机图形学中的术语,指运用计算机图形学或者一般图形学的原理和方法,将科学与工程计算等产生的大规模数据转换为图形、图像,以直观的形式表示出来,从而提高信息认知的效率,实现信息的高效传递。该概念涉及制图学、图形绘制设计、计算机视觉、数据采集、统计学、图解技术、交互设计等学科,且更多运用在地理学、测绘学、物联网、自动化技术、地质学、工程学等领域。目前,可视化主要分为科学可视化、信息可视化、数据可视化和知识可视化四大板块。科学可视化是一个跨学科研究与应用领域,主要关注的是三维现象的可视化,如建筑学、气象学、医学或生物学方面的各种系统,和新闻传媒领域的关系不大;而知识可视化则偏向于研究知识在多人之间的传递,和数据新闻领域交叉程度也较低。

一、认识数据可视化

在数据新闻领域,常见的两个与可视化相关的概念为"信息可视化"(information

visualization)和"数据可视化"(data visualization)。学界关于数据可视化的界定：数据可视化处理的对象是具体的数据或统计结果。另一些则致力于表现无形的话题，为抽象概念提供可视化的展现。数据可视化是基于数据统计知识的，它更善于通过大量数据展示毫无联系事件之间的隐喻。而关于信息可视化的界定则是这样的：信息可视化的处理对象是抽象的、非结构化的数据集合，更加关注抽象、高维数据，如一些时空数据、层次与网络结构数据等。

数据经过可视化的流程处理后的表现形式为信息图（infographic），信息图即 information 和 graphic 的组合，是将数值型和文本型的信息形象化、可视化的一种方式。信息图的作用主要表现为呈现数据、提示要点、图解过程、梳理进程、揭示关系、展现情状、整合内容、表达意见、分析解读等。信息图不仅可以通过图形元素的形状、大小、颜色、分布、方向、位置等代表抽象信息资源的不同属性，还可以利用连线的线型、粗细、颜色等表征信息之间不同的关系。信息图的早期代表当属门捷列夫的化学元素周期表，读者不仅可以通过该周期表直观地看出各元素之间的关系和周期性变化的规律，还能根据表中的空白更好地预测尚未发现的化学元素。另外，我们熟悉的饼图、直方图、散点图、柱状图等是信息可视化最基础、最原始的形态。而在今日信息时代背景下，信息图的信息含量更加饱满，设计元素更加丰富，传播效果也更加良好。

在新闻传媒历史上，最早的可视化内容当属报纸上的新闻图表，早些年的新闻图表的呈现方式比较粗放，大多是简单的柱状图或饼图。近年来，随着读图时代的来临和纸媒市场竞争的白热化，新闻图表的可视化程度也在不断提高，可以说，信息图是在传统的新闻图表上延伸发展而来的，其信息量和数据量更加可观，平台和媒介的运用更为广泛，各种设计元素的运用更加丰富，互动性更强。

目前，数据新闻使用的信息图的可视化设计元素主要体现为以下三类。第一类是传统的图表（表格、柱状图、饼图、散点图、折线图），这类信息图可谓数据新闻最低级的呈现形式，处于一种被淘汰的态势。第二类是基于时空数据的信息图，包括地理图和时间图。地理图适用于体现地区和国家相关数据的新闻，尤其是参与式动态信息图。时间图则多采用时间轴的表现形式，适用于基于时间维度的演变的内容，多用于以时间为线索的历史数据梳理类的新闻。第三类则是除去上述几种类型的信息图，此类信息图囊括的范围非常广，设计的元素多且没有规定的类型，可以是创意的图示、矢量图等一切适用于体现数据的元素。目的均是以高度的可视化服务于数据新闻的叙事，力争用最优的视觉体验将复杂故事简单化。

二、数据可视化的误区

无论是制图还是读图，在可视化的学习和实践道路上，我们难免会遇到各式各样的问题。想要制作一个正确的图表，实际上并不容易，图表的作用是提供更容易、快速的理解渠道，因此，很多信息就会被简化、隐含，但简化过程中不一定能将资料完整地重现出来，有时候甚至与本意完全相反，从而误导了读者的思考。

一张"不完美"图表的成因是多方面的，可能是由于数据和图表类型不匹配，也可能是配色等参数设置不当。下面介绍6种常见的图表问题，帮助大家重新审视自己的可视化作品或阅读过程。①

（一）你的数据真的适合你的图表吗？

这个问题显然是制作图表首先要考虑的。针对已有的数据，先问一问自己：我想要展示这些数据的趋势，还是占比？是分布，还是比较？实际上，这个看似简单的问题曾难倒了许多可视化爱好者。

图表的类型多种多样，在可视化的海洋中，每一种图表都有其存在的意义，其特点和应用也不尽相同。例如，饼图是展示占比的最佳选择，线图则常用于展示数据变化趋势，对于大量数据的分布情况则通常用散点图进行可视化。

不合适的图表往往带来无意义的故事。例如，我们可以看到日本料理中各品种的价格走向（见图5-1），从味噌汤一路增长到生鱼片，最终跌落至茶碗蒸。相信你也看不懂这些料理价格的跌涨有什么意义。显然，这些数据更适合用柱状图来比较其大小，而不是用线图展示趋势。

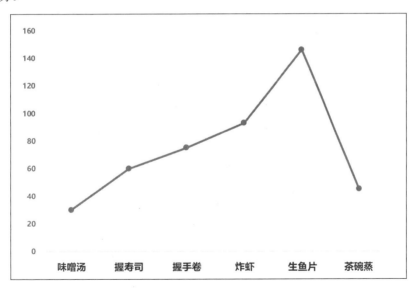

图 5-1　日本料理中各品种的价格走向

（二）慎用三维图表

尽管你可能见过不少的三维图表，甚至一些工具也都支持三维图表的制作，但是三维

---

① 镝次元数据传媒实验室. 数据可视化的六大误区，为何你只能做出"渣"图表[EB/OL]. https://www.dydata.io/article/p/999861569924046848.

图表在大多数场合并不十分适用，尤其是在强调数据对比分析的应用场景中，三维图表在给读者带来酷炫视觉效果的同时，往往会扭曲数据本身的真实性，从而影响受众对结果的判断。

以下面的饼图为例，我们可以看到三维图表是如何扭曲数据的真实性的（见图 5-2）。

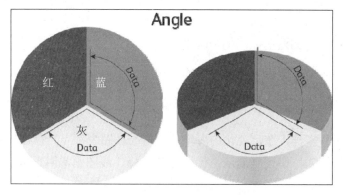

图 5-2　三维图表

图 5-2 中左侧的饼图是 3 个 120°等分的扇形，而在三维转换成右侧的图表之后，灰色填充的扇形的角度则大于 120°，红、蓝两色填充的扇形图则小于 120°，这样造成的视觉错觉就是"灰色填充的扇形对应的数据大于红、蓝两色填充的扇形对应的数据"，而事实上 3 个扇形对应的数据是相等的。这个原理其实很简单，当一个东西变成立体的时候，远的地方视觉上会小一些，近处则会大一些。

图 5-3 是来自 2008 年乔布斯的一次演讲，你能发现其中的端倪吗？

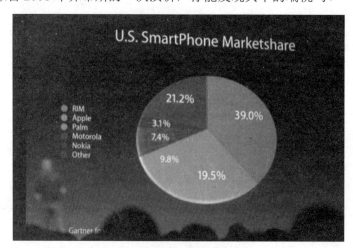

图 5-3　美国手机的市场份额

显然，下方 Apple 的份额（19.5%）看起来比上方的其他品牌的份额（21.2%）还要大，但我们都知道事实并非如此。在制图时，除非你想要达到这样的混淆效果，从而强调某个数据，否则这将在很大程度上误导读者。同样，对于图表的接受者而言，当看到类似的三维图表时,一定要保持一定的警惕心理。

（三）地图区域造成的误导

地图是可视化的一个重要板块。地理可视化的一个关键点就是通过地理区域的划分,便于读者查看不同地理区域的数据分布情况。通常,地图会通过给不同区域着色（如渐变色）来展示人口或选举数据。例如,用红色和蓝色分别表示投票的不同结果,但是问题在于区域的大小不一定与图表的议题相关,有时甚至会有误导之嫌。

（四）你真的需要堆叠图表吗？

在基础图表的基础上,我们会看到许多进阶图表,如"堆叠柱状图""堆叠面积图""堆叠条形图"等。"堆叠"的意义和字面意思一样,也就是在同一坐标轴上,将数据进行堆叠放置。它可以形象地展示一个大分类包含的每个小分类的数据,以及各个小分类的占比,显示的是单个项目与整体之间的关系。以堆叠柱状图为例,它非常适合用来对比不同类别数据的数值大小,同时对比每一类别数据中,子类别的构成及大小。

如图 5-4 所示,作者用堆叠图展示了从 1984 年洛杉矶奥运会,到 2020 年东京奥运会,中国奥运健儿共斩获了 265 枚金牌。其中,2008 年北京奥运会是中国收获最多金牌的一届,达 51 枚,运用可视化的方式,通俗易懂。

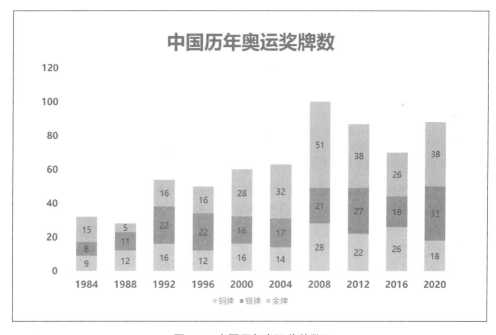

图 5-4　中国历年奥运奖牌数[①]

---

① 什么是堆叠柱状图？堆叠柱状图又有什么作用？[EB/OL].（2021-10-26）. https://zhuanlan.zhihu.com/p/407890374.

但是堆叠图不像其他图，处理不好非常容易导致图表本身出现问题。如果需要制作堆叠图的数据比较多，如何正确处理数据就是一个关键，处理不好，堆叠图反而会变成累赘，对数据处理也没有任何帮助。

在2019（第三届）中国汽车企业创新大会分析报告的无人驾驶汽车领域分析报告中，作者为了分析高价值专利技术情况，特意使用了堆叠图，横轴为根据技术稳定性、技术先进性以及保护范围三个主要方向，几十个维度进行专利价值度分类（见图5-5）。但是由于堆叠的类型过多，很容易让人眼花缭乱，不同颜色的色块过多，会使读者在读图时产生视觉上的压力。

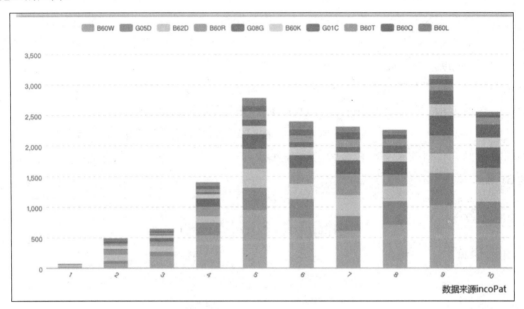

图5-5　专利价值度与技术情况分布图①

事实上，堆叠图的用途主要是比较相对性（百分比堆叠柱状图就是一个很好的例子），类似饼图等，同时它还有类似线图的走势特性，所以适合用来比较各种资料间时序上的比例大小。总之，学会正确使用图表才是关键问题，你能否正确利用这些图表，就看你能否把握可视化的重点——各种不同的资料，搭配上你希望表达的故事，从而得到最适合的表现形式。

（五）因果倒置的图表解释不可取

想要证明什么吗？拿两条线来，再来个问题。《彭博商业周刊》在2011年发表了一篇图表说明相关性与因果关系的误用，其中最经典的图是一座山脉与纽约谋杀案件比率的吻合——这太惊人了！原来纽约谋杀犯罪率与山脉走势相同（见图5-6）。那么山脉接下来的

---

① 2019（第三届）中国汽车企业创新大会分析报告：无人驾驶汽车领域分析报告（二）[EB/OL].（2019-12-21）. https://www.sohu.com/a/362116429_132804?scm=1002.44003c.fe017c.pc_article_rec.

走势可以预测犯罪率的变化吗？答案显示是不行。

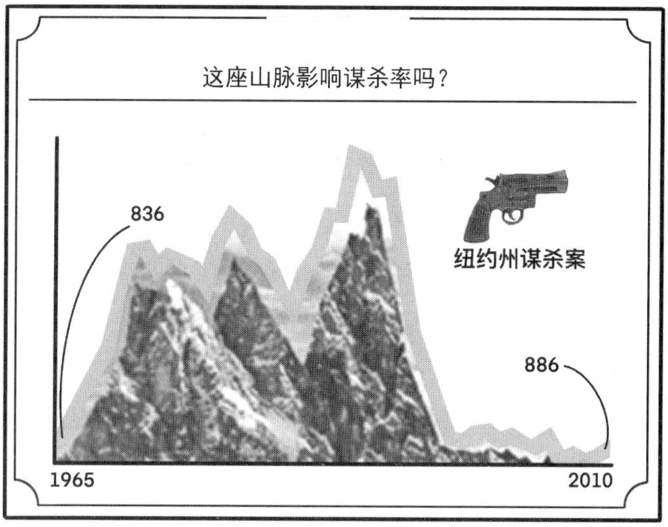

图 5-6　山脉走势与纽约谋杀案件比率吻合

在制作图表时，你可能会有一些有趣的想法。例如，试着叠合人口数与年收入，好像人越多的地方收入越高。只要你愿意，你总会找到某两个事件发展趋势的一致性。这是一个不错的尝试，但千万要记住：你也许可以发现什么，但这不代表你证明了什么。

（六）参数设置也很重要

为了图表的美观，图表的细节设置也需要多费心思。例如，柱状图每个柱子之间的间隔太宽或太窄都不好看，应该根据柱宽而设置间隔宽度，而在配色方面，渐变色则是既好看又简单的配色，切忌在可视化中使用花里胡哨而没有实际意义的配色，从而喧宾夺主，使读者不易对数据本身集中注意力。

第二节　文本信息分析及可视化

文本信息分析也常被作为数据新闻的选题方向，澎湃美数课在 2023 年两会期间，延续以往的做法，继续采用文本信息分析的方法，推出了《数据说两会｜1978 年到 2023 年政府工作报告关键词盘点》，整理了中国政府网上 1978 年至 2023 年共计 46 份《政府工作报告》，在精确分词模式的基础上，利用 TF-IDF 加权技术，展现四十多年政府工作的常青词汇和喇叭形词语，并将关键词进行对比，用河流图将其可视化，简单明了（见图 5-7）。

接下来就介绍一下如何利用相关软件实现文本信息可视化。这里主要涉及两个软件：ROST CM6 和 WORD ART（在线）。

数据新闻实务

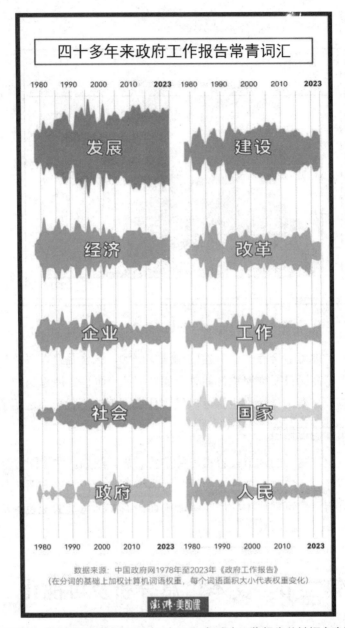

图 5-7 《数据说两会丨1978 年到 2023 年政府工作报告关键词盘点》

以二十大报告为例，模仿澎湃美数课《数据说两会丨1978 年到 2023 年政府工作报告关键词盘点》，统计出高频词汇，并将其制成标签云。

Step1：复制二十大报告文本内容至记事本中，保存在桌面。

Step2：词频分析。打开 ROST CM6 文本分析软件。分词：功能性分析→分词→导入记事本→确定。

Step3：打开 WORD ART 在线词云网站，选择"Import"（导入）选项，把分词后的二十大政府工作报告的文本内容复制粘贴过去，最后单击"确定"按钮（见图 5-8）。

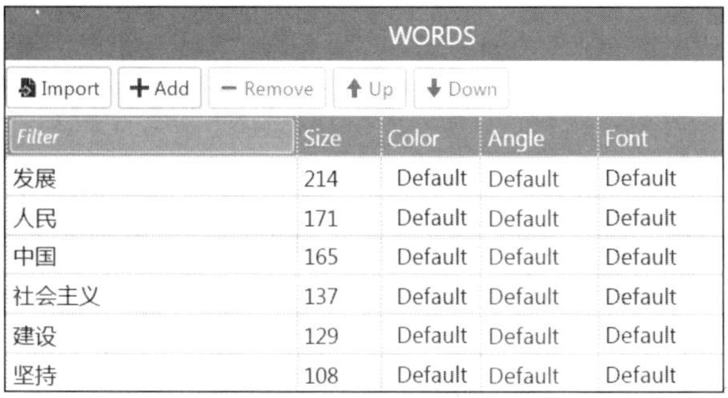

图 5-8　文本分析

Step4：选择"FONTS"属性选项卡，单击"+Add font"按钮，添加并上传中文字体，（见图5-9）；单击"SHAPES"属性选项卡，选择自己喜欢的文字云形状，也可以单击"+Add image"按钮自定义自己喜欢的图片形状（见图5-10）；单击窗口右侧的"Visualize"按钮可以预览生成的文字云效果（见图5-11）。

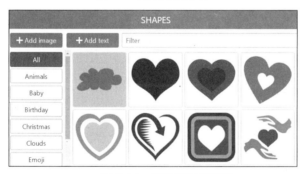

图 5-9　上传中文字体

图 5-10　选择词云的图形

图 5-11　文字云效果

第三节　图片信息可视化

除了文本信息可视化，图片信息也可以进行可视化，这里主要介绍的是将多张图片组合成目标图像，类似马赛克拼图的效果，也有人称之为蒙太奇效果，如图 5-12 所示。

图 5-12　马赛克拼图

放大看这张图，其实可以发现它是由很多小图片组成的。如果使用 Photoshop 制作，会耗费太多时间和精力，效果也不一定会好。这里介绍一款制作马赛克图片的软件 Foto-Mosaik-Edda。

一、安装

Step1：安装成功后运行软件，默认情况下是英文界面，不过此软件是多国语言版，我们可以在首选项里选择中文，更改语言（见图 5-13）。

图 5-13　安装界面

Step2：在语言栏里选择中文 Chinese，然后单击"save"按钮保存。
Step3：根据提示完成拼图制作。

二、具体操作

首先要保证硬盘里有大量图片（作用相当于小块的拼图碎片），然后在 Foto-Mosaik-Edda 软件中把这些图片创建成数据库，图片越多，拼图效果就会越好。单击"创建/编辑数据库"按钮。

Step1：第一次使用，默认勾选"新建到新资料库"，单击"下一步"按钮（见图5-14）。

图5-14　创建数据库

Step2：选择图片所在文件夹，选中"包括子文件夹""包括隐藏文件和系统文件""同步找到的图片到资料库"复选框，最后单击"运行"按钮即可（见图5-15）。如果想创建多个数据库，重复上面动作即可，在拼图时可以多个数据库一起使用。

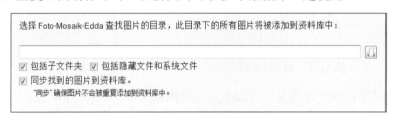

图5-15　搜集数据

Step3：接下来开始制作马赛克拼图。
Step4：选择"马赛克图片类型"选项。
Step5：为拼图指定一张主题图片，也就是拼图的目标效果，在下面先保存好输出路径。
Step6：选择一个或多个用来拼图的数据库。
Step7：设置拼图的打印尺寸和分辨率、拼图数量和样式（见图5-16）。

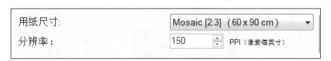

图5-16　选择合适的分辨率

Step8：单击"预览"按钮，查看马赛克效果。
Step9：最大重复次数由数据库中图片数量决定，如果数据库中图片很多，这里重复次数就少一点，效果会更好；反之亦然。
Step10：选择"边框效果"选项。设置原图的透明度，可以使拼图更接近目标图像。最后单击"运行"按钮即可。

第四节 利用 PPT 实现数据可视化

图表数据的展示是 PPT 设计中最常用的功能。但是，很多人只会用 PPT 做一些最简单的饼图、折线图和柱形图，实际上，只要简单几个步骤，就可以将其美化，变得与众不同。

Step1：打开 PPT 软件，新建一个幻灯片。

Step2：插入一个柱形图到 PPT 界面（见图 5-17）。

Step3：输入需要的文字和数据信息（见图 5-18），调整好图表文字大小。

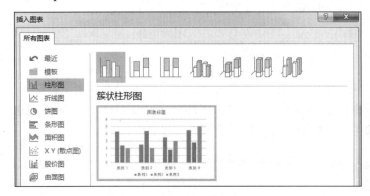

图 5-17　插入柱形图　　　　　　　　　图 5-18　输入文字内容

Step4：为了使图表更加美观，可以去除部分图表元素，如坐标轴、图例、标题、网格线等。为了使数据更加直观，可以添加数据标签，并更改数据标签样式（见图 5-19）。

Step5：复制想要的图表，选择第一列柱形图粘贴（见图 5-20）。

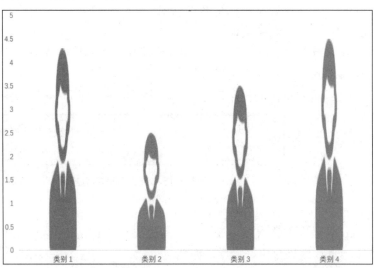

图 5-19　更改图表参数　　　　　　　　图 5-20　复制图表

Step6：在填充项中选择"层叠"选项（见图 5-21），即可得到最终效果图（见图 5-22）。

图 5-21　调整图表参数

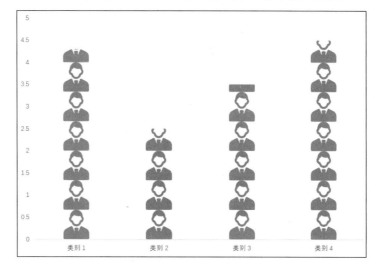

图 5-22　最终效果图

复习思考题

1. 寻找一个数据可视化失误的案例，并加以分析。
2. 选择自己喜欢的人物进行图片信息可视化，并制作马赛克图片。
3. 尝试利用 PPT 设计图表。

第六章
数据新闻发布平台

第一节 数据新闻发布平台的特点

目前有很多数据新闻的分析与可视化软件工具，前面介绍了几种按照选题分类需求实现数据可视化的工具，这些工具简单易操作，非常适合没有任何基础的人使用。下面将简单介绍几种综合性的数据获取、可视化及发布平台。这些工具都是在线平台，面向大众免费开放，基本能够满足所有数据新闻发布的需求。

一、百度图说

百度图说是百度 Echarts 团队研发的产品，其是一款专业的大数据可视化分析平台，让你零编程玩转图表，感受数据的魅力，简单几步就能做出好看的图表，图表可存为图片，在报告中使用。与此同时，它不仅专注于数据可视化，也是一个非常实用的数据新闻发布平台，在编辑界面可以添加文字、图片和图表，随意拖动即可更换位置，具有预览与分享功能，可将当前作品生成链接（公开/私密）进行分享。百度图说最大的优点为零编程，所见即所得。

（一）图表类型

图表类型基于 Echarts，但是略显陈旧，基本的折线图、杜形图、饼图、散点图、漏斗图、气泡图、雷达图、仪表盘可供使用，所有图表只要注册即可免费使用（见图6-1）。

图 6-1 百度图说首页界面

（二）操作方面

百度图说目前无数据库，无法从中获取数据，但数据导入较为灵活，数据新闻编写非常方便，可根据自己的需要，任意插入文字和图片，但是对图片的大小有所限制。注册登录后单击"创建图表"按钮，选择一个图表，就会进入编辑页面，在数据编辑中，可以编辑图表中显示的数据，也可重新上传 Excel 文件；在参数设置中，可以设置图表各个部分的细节，可以添加文字和图片，可以生成较为完整的数据新闻。

（三）发布方面

百度图说具有分享功能，可将编写的内容自动生成链接，分享至微博、微信等社交平台，也可生成代码，将其复制嵌入网页中（见图6-2）。

图 6-2 百度图说的发布界面

二、镝数聚

镝数聚是一个以数据为核心的交互可视化与写作分享平台，打破了数据新闻制作的技术壁垒，在同一个平台完成从数据处理到发布的大部分制作工作。其除了拥有丰富的数据资源库，还拥有超级充沛的交互图表模板库，从最简单的条形图到复杂的多维数据图表，直观展现数据的重要细节，让图表的动态效果真正为数据内容服务。与此同时，在 2.0 Beta 版本中，添加了图表词典，针对每一种图表历史、案例和注意事项做了详细的阐述，普及相关数据可视化知识。

（一）图表类型

镝数聚的图表类型较百度图说更为丰富，配色更漂亮，基本的线形图、柱状图、饼图、散点图、漏斗图一应俱全，此外还有桑基图、旭日图、河流图等可供使用，但是部分图表仅供会员使用（见图6-3）。

图6-3　镝数聚的图表界面

（二）操作方面

镝数聚自带数据库，数据获取简单，注册登录后根据需要选择撰写、图表和数据。选择图表后，可根据其原有数据格式更改原始数据，将自己的数据修改成类似的格式，复制粘贴进去，即可得到自己的图表。在图表设置中，可以设置图表各个部分的细节；在撰写平台中，可以随意添加文字和图片，生成较为完整的数据新闻。但是在原版本中，撰写平台较为复杂，其排版基于后台编程思维，无法随意编辑、拖动，较百度图说复杂很多，在新的 2.0 Beta 版本中，针对这一现象有所改善，但是仍然无法插入自由图片。

（三）发布方面

镝数聚具有分享和发布功能，可将编写的内容自动生成文档 URL 和二维码，兼顾了PC 端和移动端。如果想分享给其他平台，可以直接复制链接。单击"发布"按钮即可发表在镝数聚的平台上，或者直接发布在自己运营的微信公众号上（见图6-4）。

图6-4　镝数聚的发布界面

三、文图

文图是一款在线编辑、即时生成报告的轻量级数据可视化工具。其提供丰富的配色方案和专业的数据呈现模板，可以快速在线完成数据管理、报告制作、排版发布以及分享传播的整个流程，让数据可视化、业务报表和分析报告变得更简单。

（一）图表类型

图表类型和百度图说类似，基本图表一应俱全，其特色是丰富的地图类型的图表，整体配色比较清新，注册即可免费使用（见图6-5）。

图6-5 文图的图表界面

（二）操作方面

文图无数据库，注册登录后，可以看到丰富的数据报告模板，根据需要选择；也可以自己新建，在编辑表格中编辑自己的数据，在显示设置中修改相关参数，插入图形中有图形、图标、图片3种主要图形类型可供选择。除此之外，还可以插入多媒体，将鼠标移至插入多媒体的按钮，单击"插入"按钮，即可插入图像/视频，这是其他两个平台所没有的功能。在页面排版方面，和百度图说一样，可随意拖曳、多栏排版、改变图片大小等，所见即所得。文字编辑工具中有9个按钮可以实现调整文本框文字的字体、文字颜色、文字背景、文字大小、粗/斜体和文本对齐方式（见图6-6）。

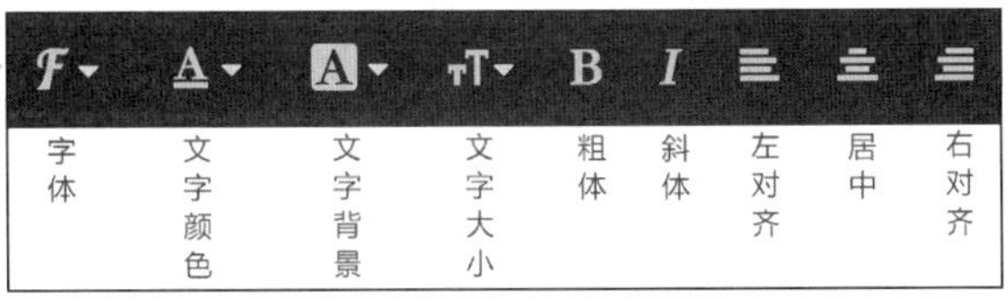

图6-6 文图的操作界面

（三）发布方面

文图具有预览、下载和发布功能，单击"预览"按钮后会自动跳转到新的页面，新页面右上方有一个手机端预览的按钮，单击"手机端预览"按钮后就会转换成手机屏幕大小的预览模式（见图 6-7）。如果想切换回网页预览，可以单击“桌面端预览”按钮。预览结束后，单击“退出预览”按钮，即可返回编辑页面。下载按钮中包含 PDF（单页）、PDF（多页）、压缩图片（jpg）、原始图片（png）4 种格式（见图 6-8）。分享制作完成的文档时，需要先发布项目，然后单击“分享”按钮，即可把制作精美的数据报告分享给其他人，分享的方式有文档 URL 和二维码两种。

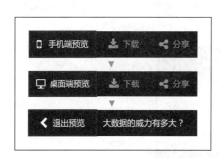

图 6-7　文图的发布界面

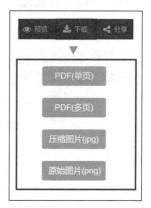

图 6-8　文图的下载界面

第二节　数据新闻发布平台的实践操作

一、百度图说实践操作

Step1：打开百度图说官网（http://tushuo.baidu.com/），登录/注册，并选择“开始制作图表”选项。

Step2：单击“创建图表”按钮。

Step3：根据需要选择相应的图表模板。

Step4：将鼠标移到模板图表上，选择“数据编辑”选项，对图表数据进行修改（见图 6-9）。

	A	B	C	D
1		最高气温	最低气温	
2	周一	11	1	
3	周二	11	-2	
4	周三	15	2	
5	周四	13	5	
6	周五	12	3	
7	周六	13	2	
8	周日	10	0	

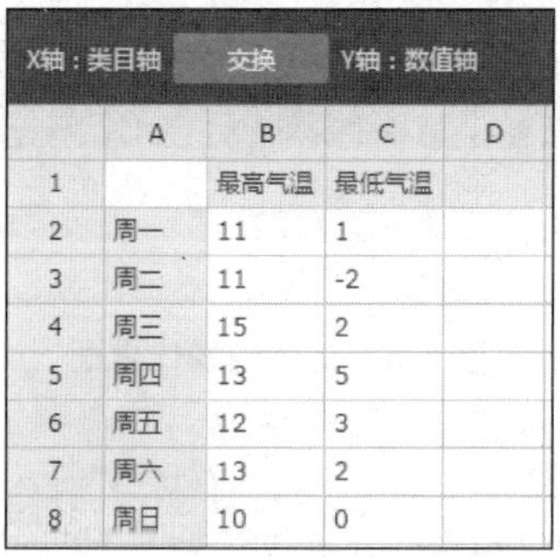

图 6-9　百度图说的数据编辑界面

Step5：在数据编辑页面中，数据修改后立即生效。数据也可通过 Excel 导入，方便快捷。

Step6：单击"参数调整"按钮，跳转到参数调整页面，在该页面中，可对图表的内容和样式进行编辑和设置（见图 6-10）。

图 6-10　百度图说的参数调整界面

Step7：对图表数据和参数设置完毕之后，单击"预览"按钮，核对无误后，单击"分享"按钮，也可以回到操作栏，单击"显示代码"按钮，将代码复制下来，直接应用在其他项目中。

二、镝数聚实践操作

Step1：打开镝数聚官网（https://www.dydata.io/），登录/注册，并在镝数聚的图表栏目选择一个图表（见图 6-11）。

Step2：选择图表后，单击"使用模板"按钮，将数据粘贴至左边的表格，或者手动录入自己的数据（见图 6-12）。

图 6-11　镝数聚的图表操作界面　　　　图 6-12　镝数聚的数据编辑界面

Step3：单击"图表设置"按钮，对图表进行个性化的修改，可以更改其颜色、位置和标题等（见图 6-13）。

Step4：图表编辑完成后，单击"保存"按钮。可使用导出功能，支持 JPG、PNG、SVG 格式（见图 6-14）。

数据新闻实务

图 6-13　镝数聚的参数调整界面　　　　图 6-14　镝数聚的下载界面

三、文图实践操作

Step1：打开文图官网（wentu.io），登录/注册。
Step2：登录后直接跳转至项目库页面，单击"创建文档"按钮，开始创建第一个文档。
Step3：选择一款心仪模板后进入文档编辑页面。
Step4：单击"插入工具"按钮，选择自己需要的图表类型即可。
Step5：将鼠标放至图表上方双击"编辑内容"，即可编辑信息内容（见图 6-15）。
Step6：编辑好文档后单击"退出编辑"按钮，即可看到刚创建好的文档。
Step7：创建好的文档还可以通过"分享""导出文档"轻松分享给其他人（见图 6-16）。

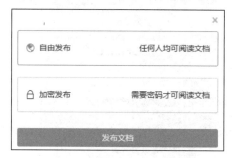

图 6-15　文图的数据编辑界面　　　　图 6-16　文图的发布界面

除此之外，还有其他网站可以实现数据可视化，如花火数图，拥有很多动态图展示，包括动态时间轴、动态条形图、动态排名图等，种类丰富，每个图表都会有详细解释说明和使用场景，它主推静态、动态图表，模板主要是折线图、面积图、柱状图、饼图、散点图、雷达图和力导图等，但是大部分动图仅供会员使用。另外，图表秀也是一款在线图表制作网站，它可以帮你快速制作各种传统图表和高级可视化图表。图表秀最大的优势在于，提供不同行业需求的模板，除了具有简单的数据可视化功能，还可以形成数据报告，让数据内容不再枯燥。随着科技的发展，可视化技术的门槛不断降低，相信在不久的将来，会出现更多、更好用的可视化产品。

复习思考题

1．将理论知识实践操作一遍，并总结百度图说、镝数聚和文图 3 个数据新闻发布平台的优劣势各是什么。

2．利用这 3 个平台分别发布一篇数据新闻。

参考文献

[1] 方洁. 数据新闻概论[M]. 北京：中国人民大学出版社，2015.

[2] 邱南森. 数据之美：一本书学会可视化设计[M]. 北京：中国人民大学出版社，2014.

[3] 威尔克森，格兰特，费舍尔. 融合新闻学原理[M]. 郭媛媛，贺心颖，译. 北京：中国时代经济出版社，2011.

[4] 许向东. 数据新闻：新闻报道新模式[M]. 北京：中国人民大学出版社，2017.

[5] 王琼，苏宏元. 数据新闻蓝皮书：中国数据新闻发展报告（2016—2017）[M]. 北京：社会科学文献出版社，2018.

[6] 陈积银，曹树林. 数据新闻入门教程[M]. 西安：西安交通大学出版社，2016.

[7] 雷蔚真. 跨媒体新闻传播理论与实务[M]. 北京：中国人民大学出版社，2012.

[8] 李书甜. 大数据背景下的我国数据新闻研究[D]. 南宁：广西师范学院，2017.